Hertha Kalaus-Zimmermann · Gärtnern am Hochbeet

Hertha Kalaus-Zimmermann

Gärtnern am Hochbeet

Anlage, Bepflanzung und mühelose Pflege

Südwest Verlag München

Früher schmerzte stets der Rücken,
wenn man mühsam gärtnern tat,
denn man mußte tief sich bücken,
weil es noch kein Hochbeet gab.
Heute ist es ein Entzücken,
da im Sitzen klappt die Saat.

H. K.-Z.

Herausgeber: Georg E. Siebeneicher

Bildnachweis:
Die Fotos stammen von Arthur Kalaus, Köstenberg,
ausgenommen Seite 103 oben (J. T. Haux, Hamburg), Seite 91 und 104 oben (H. Pelzmann, Wies), Seiten 18 und 67 (R. Seitz, München), Seiten 42, 92 oben links, 102 und 104 unten (G. Steinbach, Oberreute).
Die Zeichnungen stammen von Hannes Limmer, München.

© 1986 by Südwest Verlag GmbH & Co. KG, München
Alle Rechte vorbehalten
Umschlaggestaltung: Manfred Metzger, R. Seitz, München
Satz: Typodata GmbH, München
Druck und Bindung: Mainpresse Richterdruck, Würzburg
ISBN 3-517-00886-9

Inhalt

7 Wie es zu diesem Buch kam

9 Das Hochbeet – Erlebnis und Erfahrung
9 Vom Kinderbeet zum Hausgarten
10 Garten im Gebirge
10 Erste Erfahrungen mit Folien
11 Der Rückschlag: Wühlmäuse
12 In die Höhe gehen!
14 Das Hochbeet lebt vom Kompost
  Mein erster Kompost 14 – Kompost braucht Schatten 15 – Vom Komposthaufen zur Kompoststätte 21
22 Der Bau des Hochbeetes
  Baumaterial 23 – Füllmaterial 23 – Eine wichtige Lehre 24
25 Beregnen oder Bewässern?
26 Vom Mistbeet zum abgedeckten Hochbeet und zum Folienhaus
  Hochbeet als Mistbeet 26 – Das erste Folienhaus 27 – Verbessertes Folienhaus 28 – Kaltes Wasser im Folienhaus? 33
35 Hochbeete – frei von Krankheiten und Schädlingen
35 Hühnerhaltung – wichtiger Beitrag zur Düngung
36 Jungpflanzen selbst anziehen
36 Drei Tips zum Selbermachen
  Pflanzkübel 36 – Schattiger Ruhe- oder Kompostplatz 37 – Gartenland urbar machen 38
38 Blumen und Kräuter im Garten mit Hochbeeten
  Halbhohes Blumen- und Kräuterbeet 38
39 Prinzip Hochbeet: Humusschutz im Gebirge
39 Kunststoffe?
  Wie können Folien ersetzt werden? 45
46 Regenwasser sammeln?
  Saurer Regen 47 – Gefahren durch Schwermetalle 48
48 Gemüsearten im Hochbeet – Kulturanweisungen
  Salate 48 – Wurzelgemüse 49 – Kohlgemüse 41 – Hülsenfrüchte 58 – Zwiebelgemüse 58 – Fruchtgemüse 59 – Sondergemüse 60
61 Erdbeeren

62 Das Hochbeet – gärtnerische Einrichtung und Methode

62 Örtliche Lage
Planung der Beete 62 – Die Kompoststätte 63

64 Errichtung eines Hochbeetes
Füllmaterial 69 – Bodenuntersuchung, Ergänzungsdünger 71 – Baustoff Holz 72 – Baustoff Beton-Hohlblocksteine 74 – Innenauskleidung mit Folie 75 – Befüllung des Beetes 76 – Unterflurbewässerung 81 – Drahtgeflecht gegen Wühlmäuse 82

83 Bodenpflege und Bodenbedeckung
Mulchfolien 83 – Streudecken aus Grünmaterial 84

85 Nutzung des Hochbeetes
Frühkulturen 86 – Folge- bzw. Frühsommerkulturen 86 – Sommer- bzw. Frühherbstkulturen 86

87 Kompost
Was kann kompostiert werden? 87 – Kompostplatz 88

94 Mischkultur
Beispiele für Mischkulturen 95 – Kombinationsmöglichkeiten 96

97 Gründüngung

97 Nachdüngung

99 Tabelle der wichtigsten Gemüsearten

100 Pflanzenschutz

105 Nutzung der Hochbeete im Jahreslauf
Anbauplan für zwei Hochbeete 106 – Erträge und Verzehrgewohnheiten 107 – Samen- und Jungpflanzenbedarf 107

108 Ansprüche der Gemüsearten
Stark-, Mittel- und Schwachzehrer

109 Anhang
109 Erfahrungsberichte
113 Lieferantenhinweise
115 Literaturhinweise
116 Sachregister
118 Pflanzenregister

Wie es zu diesem Buch kam

Von Hochbeeten ist allenthalben die Rede – in gärtnerischen Zeitschriften und Kalendern. Und wer kennt nicht die Pflanzkübel und -kästen in den Fußgängerzonen unserer Städte? Auch das sind Hochbeete.

Alle diese Hochbeete sind jährlich neu zu befüllen, die Erden setzen sich aus verschiedenen Schichten zusammen, manchmal auch aus rottendem Material, so daß sich Gärungswärme bildet und sich eine Treibwirkung ergibt. Sie erreichen Flächen von wenigen Quadratmetern, sind mit Blumen bepflanzt oder bringen Ernten einiger Gemüsearten.

Nichts von alledem bei den Hochbeeten nach Hertha Kalaus-Zimmermann: Sie werden gebaut und einmal dauerhaft befüllt, ohne gärende Stoffe, sind also keine Treibbeete, sie umfassen wenigstens sechs Quadratmeter und bringen große Ernten aller nur denkbaren Gemüsearten, in ersten, bestens lagerfähigen Qualitäten, nicht zuletzt auch von Erdbeeren.

Das war neu! Die Presse berichtete deshalb über die Hochbeetanlage der Verfasserin, über die zwanzig oder noch mehr Hochbeete in Längen von bis zu 16 Metern, mit insgesamt rund 200 Quadratmetern Anbaufläche, aus verschiedenen Baustoffen errichtet, in 850 Meter Höhe in Kärnten.

Diese riesige Hochbeet-Versuchsanlage hat die Verfasserin aus eigener Initiative und mit eigenen Mitteln errichtet und selbst bearbeitet und tut dies heute noch im hohen Alter von 78 Jahren nur aus Begeisterung und gärtnerischer Leidenschaft. Busweise kamen Gartenfreunde, alle wollten mehr wissen, um selbst Hochbeete errichten zu können. Aber es gab keine ausführliche Anleitung, kein Buch. Hertha Kalaus-Zimmermann ist nach wie vor aktiv in ihrem Garten, erprobt neue Werkstoffe und Verfahren – sie kam nicht dazu, ihre Erfahrungen fachlich, zusammenhängend und planmäßig darzustellen oder gar theoretisch zu begründen. So ist der erste Teil dieses Buches ein Erlebnisbericht aus der Fülle ihrer Erfahrungen. Gerade diese Form dürfte viele Gartenfreunde und solche, die es werden wollen, ansprechen.

Nicht jeder aber kann daraus die für seine Situation geeignete Bauweise, den Aufwand an Material, Kosten und Arbeitszeit ableiten. Dazu braucht man unmittelbar verwertbare Angaben. Im zweiten Teil des Buches wurden daher in Zusammenarbeit mit Profis aus Gartenbau und Handwerk die notwendigen Einzelangaben zusammengestellt.

Verfasserin und Herausgeber danken somit Arthur Kalaus und Helmut Pelzmann für gärtnerische und Hartmut Hildebrandt für handwerkliche ergänzende Angaben. So hoffen Herausgeber und Verlag mit der Verfasserin, die Idee des Hochbeetes als gärtnerische Intensivmethode für schwierige Lagen und insbesondere auch für Alte und Behinderte verfügbar gemacht zu haben.

Schließen wir mit einem Dank an die Verfasserin. Ebenso wie sie sich wenig um die hohen Erträge ihres Gartens kümmert – sie werden zum Großteil verschenkt –, hat sie in ihrem bisherigen Leben immer von den Erträgen ihrer Arbeit gespendet: Alte und Kranke unterstützt und ihrer früheren Wohngemeinde Malente-Gremsmühlen geholfen, das Gemeinde-Altersheim auszubauen. Zum Andenken an ihren verstorbenen Mann Dr.-Ing. Franz Zimmermann erbaute sie das erste private Altersheim in Schleswig-Holstein, den »Immenhof«, in Malente-Gremsmühlen. In Anerkennung ihrer hohen Verdienste in vielen Bereichen des sozialen Lebens wurde Hertha Kalaus-Zimmermann 1981 das Verdienstkreuz am Bande des Verdienstordens der Bundesrepublik Deutschland verliehen.

Das Hochbeet – Erlebnis und Erfahrung

Vom Kinderbeet zum Hausgarten

Den Pflanzen galt schon von frühester Jugend an mein Interesse. Das erste Buch, das meine Mutter mir zu Weihnachten schenkte, war ein Gartenbuch, denn ich hatte schon als sechsjähriges Kind mein eigenes Beet. Morgens vor der Schule ging's noch schnell zum Beet und mittags wieder. Fehlte vielleicht einer Pflanze Wasser? Überhaupt brauchte ich Pflanzen um mich herum. Also Blumentöpfe in meinem Zimmer aufs Fensterbrett! An Untersetzer allerdings hatte ich nicht gedacht. Das ging gut, bis mein Vater die ramponierte Fensterbank sah und meinen ganzen »Gartenbau« hinauswarf.

Im Sommer darauf bastelte ich das erste beheizbare Glashaus: Eine Kiste von 40 mal 60 cm, mit einem Dach aus 9-mal-12-cm-Fotoplatten meines Bruders. Und die Heizung? Von einem Lehrer bekam ich Glasröhrchen, die ich mit Gummischlauch-Stückchen zusammensetzte und mit Reißnägeln und Bindfaden in der Kiste befestigte, leicht schräg, damit das Wasser steigen konnte. Ein Auslauf wurde nach außen verlegt – zum »Heizkessel«, einer Konservenmilch-Büchse mit einer Kerze darunter. Die Röhrchen wurden am Auslauf und Rücklauf mit Fensterkitt, der »Einfüllstutzen« durch einen Korken abgedichtet. Das war meine erste »Erfindung«.

Nun geht es in Sprüngen über Jahrzehnte: Nach der Kinder- und Jugendzeit in Westpreußen kamen Jahre in Berlin. Auf märkischem Sand erzielte ich mit etwas Pferdemist beachtliche Gemüse- und Kartoffelernten. Die Folgen des Zweiten Weltkrieges verschlugen mich nach Schleswig-Holstein, wo ich wieder einen größeren Hausgarten hatte. Das Schicksal führte mich schließlich in meine zweite Heimat, nach Kärnten. In den ersten Jahren versorgte ich ein Kur- und Erholungsheim mit Gemüse aus dem großen biologisch bewirtschafteten Garten – bis wir uns auf einen Ruhesitz in den Bergen zurückzogen.

Meine Liebe zu den Pflanzen aber blieb unverändert. Ohne Beziehung zu Pflanzen ist das Leben arm, und je älter man wird, desto wichtiger ist es, Pflanzen um sich zu haben. Wenn man sich fast von selbst und ohne große Anstrengung von angebautem Obst und Gemüse auch noch ernähren kann, ist das ein Glück bis ins hohe Alter, von der Freude beim Umgang mit den Pflanzen, vor allem auch den Zimmerpflanzen und den farbenprächtigen Stauden und Sommerblumen im Garten, ganz zu schweigen.

Garten im Gebirge

1969 kauften wir ein größeres Grundstück in 850 m Seehöhe, 70 Prozent Wald und 25 Prozent Wiese, an einem Südhang der Ossiacher Tauern, oberhalb des Wörther Sees, gegenüber den Karawanken mit dem über 2000 m hohen Mittagskogel. Im Norden steigt das Gelände bis zum 1100 m hohen Taupel schützend an. Im Osten und Westen umarmt uns der Wald mit je einem Bächlein. Zur Zeit der Schneeschmelze und nach Gewitterregen rauschen sie kräftig, bei Trockenheit aber verstummen sie völlig. Um jeglicher Wassernot vorzubeugen, haben wir den Ostbach achtmal zu kleinen Tümpeln gestaut und Tümpel Nummer vier mit einer elektrischen Pumpenanlage versehen. Sie liefert leicht vorgewärmtes, gesundes Wasser mit einem pH-Wert von 6,1 bis 6,5. Der Überlauf der sehr beständigen Hausquelle verstärkt das Bächlein.

Der Wald- und Wiesenboden ist sehr wechselnd tiefgründig: 25 bis 50 cm auf Fels, in Senken aber als über 1 m lehmiger, humoser Boden anstehend. Der Felsuntergrund besteht aus Gneis, Glimmerschiefer und Phyllit-Grünschiefer, dazwischen große Felsblöcke mit starken Quarzadern.

Natürlich mußte ich wieder einen Garten haben. Aber jeder riet mir ab, denn das Stück, das dafür in Frage kam, war eine nasse Wiese, die ich noch im Mai nur mit wasserdichten Schuhen betreten konnte. Trotzdem legte ich Beete an, in die Wege dazwischen kamen Laufbretter. Die Beete waren patschig naß, und es wuchs nichts. Mein Nachbar, der auf dem großen Grundstück auch die schweren Gartenarbeiten ausführt, brachte mir etwas Erde. Ich legte Fichtenreisig auf die Beete und schüttete die Erde darauf. Ein Rundholz kam an die Kante des Beetes, damit bei der Hanglage die Erde nicht abrutschte. In dieser Weise arbeitete ich einige Jahre, indem ich mir von einer Wiese Erde bringen ließ und so Beet für Beet leicht erhöhte. Es wurde etwas besser, doch echte Erträge hatte ich nicht. Aber ich ließ nicht locker. Die Arbeit war verhältnismäßig leicht, denn ich hatte eine Pendelhacke, die hier völlig unbekannt war. Es wurde jede Woche durchgependelt. Das Pendeln allein genügte aber nicht; es mußte ja auch gepflanzt und gejätet werden. Das ging nur auf den Knien oder mit Bükken. Der Rücken schmerzte, und die Knie wurden wund. Mein Mann brachte mir eigentlich zum Spaß ein Paar Knieschützer mit. Die habe ich tatsächlich benutzt, aber ich kam mir schon ein bißchen komisch vor.

Erste Erfahrungen mit Folien

Das unentwegte Jäten wollte ich los sein, das Unkraut sollte nicht mehr wachsen. Den klugen Kopf hatte mein Nachbar, Herr Buxbaum: »Legen Sie doch Folienstreifen zwischen die Reihen.« Von seinen Silo-Abdeckplanen schnitt er mir etwa 25 cm breite Streifen, die ich im Abstand von 3 bis 5 cm auf die Beete legte und mit kräftigen Drahtklammern feststeckte. In diese freien Streifen zog ich mit dem Hackenstiel Rillen, in die ich Karotten und Radieschen gemischt säte und Zwiebeln steckte.

Es war Anfang März, der Schnee war gerade mal weg. Jeder hielt es für einen Scherz, in unserer Höhenlage jetzt schon Karotten zu säen. Wir hatten strahlende Sonne, aber nachts Kältegrade. Nach fünf Tagen kamen die Radieschen heraus und nach zehn Tagen die Karotten. Ich hielt das für ein reines Wunder. Dann steckte ich ein Thermometer unter die Folie und konnte 50°C ablesen, wirklich 50 Grad. Da lag also das Geheimnis: Unter der schwarzen Folie wird die Erde so stark erwärmt, daß auch der besäte Streifen viel Wärme bekommt und die Samen keimen können.

Als bei den Nachbarn die Karotten aufgingen, waren meine schon verzogen, und die Radieschen wurden rot. (Ich säe immer ›Haubners Frühwunder‹, weil diese Sorte sehr kleines Laub hat und die Karotten nicht verdeckt.) Die Steckzwiebeln steckte ich alle 50 cm in die Reihe, sie waren schon 5 cm hoch. Da stand ich nun glücklich vor meinen Karotten. Es kam mir zum Bewußtsein, daß ich jetzt keine Arbeit mehr hatte: Pendeln mußte ich nun nicht mehr, denn Unkraut konnte zwischen den Reihen nicht mehr wachsen, nur noch wenig innerhalb der Reihen, aber dafür hatte ich ja meine Knieschützer. (Später ergaben sich Bedenken gegenüber Folien minderer Qualität – siehe S. 39)

Der Rückschlag: Wühlmäuse

Es war ein sehr heißer Sommer, ich hatte noch kein Wasser auf das Stück gegeben und wunderte mich nur, daß die Pflanzen in so gutem Zustand waren. Wenn es nun regnet, dachte ich, wäre es doch gut, wenn das Wasser durch die Folie liefe. Also ein Messer her und etwa 10 bis 15 cm lange Schlitze in die Folie geschnitten! Am nächsten Tag kam der Regen, und das Stück war sehr schön gleichmäßig durchnäßt. Die Arbeit war getan – bis auf die Ernte. Gegossen habe ich nicht mehr, auch das Pendeln war, wie gesagt, überflüssig geworden. So verging der Sommer, und ich freute mich auf die Ernte. Die Freude wurde aber getrübt: Auf manchen Beeten welkte eine Karotte nach der anderen, nur die Zwiebeln standen groß und dick da. Mehr als 50 Prozent der Karotten waren angefressen: Wühlmäuse. An diesem Platz würde ich nie mehr Gemüse anbauen!

Sollte ich aufhören? Aber wirft man eine Sache, die so viel Freude macht, einfach in die Ecke? Sicher nicht. Bei mir kam noch dazu, daß ich junge Menschen, die die Liebe zur Pflanze haben, nicht über die gleichen Stoppeln laufen lassen wollte, die mich gepiekt hatten, bis ich die Gewißheit hatte, daß ein Hochbeet Glück bis ins hohe Alter bedeutet.

Erfahrung ist für mich die höchste Autorität, der Prüfstein für Gültigkeit: Keine Idee eines anderen und keine meiner eigenen Ideen ist so maßgeblich. Ich muß immer wieder zur Erfahrung zurückkehren, um der Wahrheit, wie sie sich in mir als Prozeß des Werdens darstellt, ein Stück näherzukommen.

Anregungen für neue Erfahrungen kommen oftmals zunächst aus Büchern. In der Bibliothek meines Mannes fand ich im »Handbuch der Ernährung gärtnerischer Kulturpflanzen« von Becker-Dillingen Bilder, wie tief die Pflanzen die Wurzeln in die Erde treiben, wenn die Tiefgründigkeit des Bodens es erlaubt. Karottenwurzeln würden bis über 80 cm in die Erde gehen. Bei mir konnten sie das nicht, daher verkrüppelten sie. Der Boden war in der Tiefe zu naß und steinig, also mußte ich in die Höhe gehen.

In die Höhe gehen!

Kurz entschlossen ließ ich mir einige Hölzer aufeinanderbauen und legte ein Blumenbeet an, auch mit Rücksicht auf den Haselnußstrauch; den wollte ich auf keinen Fall stutzen, und Gemüse braucht volle Sonne. Mit Blumen würde man eher zurechtkommen. Da gehen auch nicht so leicht die Wühlmäuse dran, wenn es nicht gerade Tulpen sind. Die Blumen pflanzte ich natürlich auch in die Folie, um Arbeit zu sparen.

Die Wühlmäuse blieben zunächst mein dauernder Kummer. Was alles angepriesen wurde, um sie auszurotten, habe ich versucht. Um eine Wolfsmilch (*Euphorbia*) herum habe ich einmal als Versuch Karotten gesät.

Sie wurden alle abgefressen. Die Wolfsmilch bekam Samen und säte sich weiter aus. Dann pflanzte ich 50 Kaiserkronen. Die wurden auch aufgefressen, nach zwei Jahren waren alle weg. Schließlich stellte ich Klappfallen in die Gänge. Was ich fing, war keine Wühlmaus, sondern ein Maulwurf. Das tat mir so leid, daß ich die Fallen wegwarf. Der Maulwurf ist mein Freund und Helfer: Er sucht die Engerlinge heraus, hauptsächlich in der Wiese. Und die Erdhaufen, die er aufwirft, brauche ich dringend für meine Beete.

Ich war also mehr als ratlos. Im Grunde hatte ich drei Probleme: die mickrigen Karotten, die Mäuse und den schmerzenden Rücken.

Ich hatte bei dem Karottenstück einfach mit den Baumstämmen ein etwas höheres Blumenbeet gemacht und, um Erde zu sparen, Holzabfälle an den Boden gelegt. Damals war ich mir nicht so recht im klaren, ob das wohl ginge. Die Blumen sind wunderbar gewachsen. Aber das Beet mußte höher werden, damit das »Kopf-nach-unten-Stehen« ein Ende hat, denn inzwischen war ich 70 Jahre alt geworden. Eigentlich sollte man dann langsam vernünftig werden. Aber ich konnte das Gärtnern nicht lassen. Also ließ ich von einem Beet den guten Boden abheben und ringsherum eine etwa 60 cm hohe Wand aus Baumstämmen bauen. Damit die Erde nicht durch die Ritzen fällt, wurden die Wände innen mit Folie ausgelegt und diese angeheftet. Dann kam reichlich starkes Holz hinein und dar-

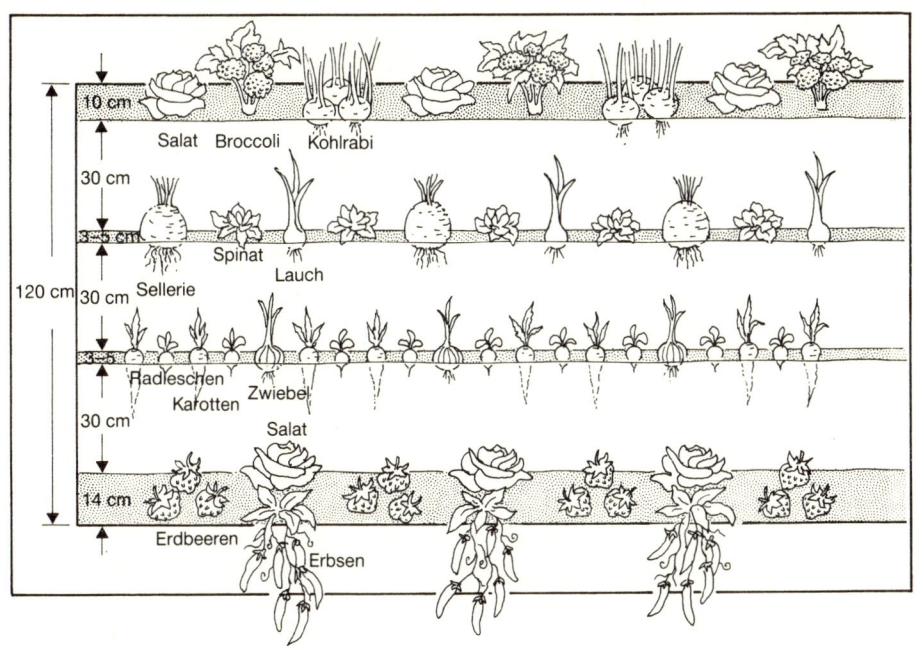

Schematische Darstellung der Grundregeln zur Bepflanzung von Hochbeeten: An der Nordseite stehen die hoch werdenden Starkzehrer – wie Brokkoli, Blumenkohl, Sellerie und Porree – mit zwischengepflanzten Kohlrabi und Salaten, also Arten mit kurzer Kulturzeit. Dort kommt auch mehr Kompost hin. In der zweiten und dritten Reihe folgen Zwiebeln, Radieschen, Karotten und Salate, in der vierten Reihe an der Südseite wachsen Erdbeeren und Erbsen, die auch an der Wand herunterranken können. Abstand von den Wänden immer 10 cm, so daß sich Reihenabstände von rund 33 cm ergeben.

auf Gehölzschnitt, der mit etwas Erde von der Wiese und Mist gemischt wurde. Darauf kam ein feinmaschiger Draht, dann die vorher abgehobene Erde und zum Schluß das bißchen Kompost, das ich übrig hatte.

So ging ich mit viel Erwartung in das neue Gartenjahr. Da der Boden nun gut gedüngt war, pflanzte ich Sellerie, abwechselnd mit Porree in weitem Abstand, und zwar in einer Reihe. In diese Reihe hatte ich schon ganz früh Spinat gesät. Sellerie kann man ja erst ab Mitte Mai pflanzen, und dann kann man an der Stelle schon den ersten Spinat ernten. Das gleiche gilt für die Porree-Pflanzstelle.

Damals hatte ich schon ausprobiert, daß sich Sellerie und Salat nicht vertragen. Der Salat wächst zwar gut, aber der Sellerie kommt nicht recht voran. Obwohl ich wußte, daß Karotten keinen frisch gedüngten Boden haben dürfen, konnte ich es nicht lassen, zu versuchen, ob sie jetzt nicht doch in den Boden gehen würden. Ich säte also Karotten, natürlich wie immer gemischt mit Radieschen und Steckzwiebeln.

An die Nordseite säte ich eine Reihe Spinat und pflanzte, ebenfalls in großen Abständen von 50 cm, frühe Kohlrabi, immer drei zusammen an eine Stelle; dann kann man mit ruhigem Gewissen einen viel früher ernten. In die Lücken säte ich, als der Spinat abgeerntet war, Buschbohnen und setzte nach Abernten der Kohlrabi an diese Stellen Grünkohl. In die vordere Reihe säte ich Schnittsalat (›Eichenblatt‹); da kann man Pflanzstellen für Erbsen herausschneiden und zum Schluß eine Pflanze stehen lassen, da der Schnittsalat nicht schießt, schöne lockere Köpfe bildet und einen zarten Salat gibt. Dann hatte ich, wie schon lange erträumt, auch mit den Erbsen keine Arbeit mehr: sie hängen einfach am Beet herunter, und das »Steckerln« fällt weg. Damit war die Arbeit bis zur Ernte getan.

Die Ernte den Sommer über war einmalig. Nie hätte ich es für möglich gehalten, daß ein Durcheinanderpflanzen in dieser Form derartige Ernten bringen könnte.

Es war Spätherbst, und bis auf Sellerie, Porree, Grünkohl und einige Endivien, die ich noch an die Südseite gepflanzt hatte, war alles abgeerntet. Die Sellerie standen in einer Pracht da, wie ich es mir nie erträumt hätte. Die Karotten waren sehr lang und stark, anscheinend zu groß, weil sie auf frisch gedüngtem Boden standen. Beim Herausziehen allerdings wurde ich blaß: Sellerie und Karotten waren angefressen – nur einige, aber immerhin: zwar kein großer Schaden, aber ein Beweis dafür, daß die Wühlmaus drangewesen war. Was hatte ich falsch gemacht – ich hatte doch Maschendraht eingelegt?! Als ich über den Vorgang des Einlegens nachdachte, erinnerte ich mich, daß der Draht, unten nur einfach ausgebreitet, an den Seiten nicht bis nach oben hochgezogen war. Die entstandenen schmalen Schlitze müssen die klugen Tiere dann wohl gefunden haben.

Dieses Beet habe ich nicht sofort geöffnet, sondern im nächsten Jahr weder Sellerie noch Karotten angebaut, sondern Kohlrabi, Bohnen, Salat – und an der Südseite Erbsen und Erdbeeren, die schon im Herbst ausgepflanzt wurden. Dabei hatten die Mäuse auch wieder Schäden angerichtet; aber da der Ertrag so viel höher war als bei den Flachbeeten, machte mir das nicht soviel aus. Ich dachte nun nur noch an Kompost, von dem ich für meine Beete viel brauchte, aber meist nicht genug hatte...

Das Hochbeet lebt vom Kompost

Mein erster Kompost

Um guten Kompost zu bekommen – so steht es in meinen Büchern –, soll man das Material sammeln, kleinhacken und dann in Schichten zu einer Miete aufsetzen.

Gesammelt habe ich vielerlei und auf einen Haufen – unter einem Haselstrauch – geworfen. (Dieser riesige Haselstrauch, der wundersam auf einem großen Felsblock sitzt, überschattet die Kompoststätte; seine weit überhängenen Zweige werden von Dachlatten hochgehalten.) Beim Beschaffen des Materials achte ich nicht sonderlich auf Unkrautsamen, denn die Folie hält das Unkraut in Schach; ausgenommen Franzosenkraut, dessen Samen sieben Jahre lang keimfähig ist. Von ihm fand sich in den Ecken überall genug, so daß ich mich zu sorgen begann. Jedes blühende Exemplar wanderte in die Mülltonne – und doch finde ich heute noch zwei oder drei Pflänzchen im Jahr, die ich entferne und nicht zur Samenbildung kommen lasse.

Auf einem Hauklotz, der vor dem Kompostplatz steht, hackte ich alles auf etwa 30 cm klein, auch Reste von Ziergehölzen und Beerenobststräuchern. Kohlstrünke aber kamen nie zum Kompost, stets in die Mülltonne. Immer achtete ich darauf, daß der Haufen keinen Buckel bekam, sondern eine ebene Fläche bildete. Zwischendurch stellte ich auch mal den Regner an, wenn das Material zu trocken war. Es darf nämlich weder salztrocken noch tropfnaß, es soll feucht sein: Bei der »Faustprobe« dürfen keine Tropfen herausquellen, es darf aber auch nicht auseinanderfallen.

Das ging so vom Frühling über Sommer und Herbst bis durch den Winter. Im Frühling aber brauchte ich wieder den Platz – der Haufen mußte weg. Etwas unschlüssig wühlte ich mit der Grabegabel darin herum und stellte zu meinem Erstaunen fest, daß es darin von roten Mistwürmern *(Eisenia foetida)* wimmelte. Das war also kein fertiger Kompost, denn darin halten sich keine Mistwürmer mehr auf.

Der Kompost war mit Stangen zusammengehalten. Die Kompoststätte wurde nun mit Stangen erweitert und der Haufen unmittelbar daneben, unter Zugabe von einer kleinen Menge Mist, wieder aufgesetzt. Kalk habe ich nicht dazwischengestreut; ich dachte an die Regenwürmer. Auch eine Ringelnatter hatte sich eingenistet und Junge bekommen.

Im Lauf des Sommers wurde dieser Haufen nochmals ein Stückchen weiter, wiederum dicht daneben, aufgesetzt und ein wenig Urgesteinsmehl dazwischengestreut. Im Herbst war er dann wesentlich kleiner geworden, und die Regenwürmer waren abgewandert. Jetzt konnte man den Kompost mit gutem Gewissen verwenden, denn der Mistwurm gehört nicht aufs Land, weil er dort nicht leben kann.

Diesen Kompost also bringe ich im Spätherbst auf die Beete, ohne ihn vorher zu sieben. Die Beete werden nicht umgegraben! Ich steche mit der steil gestellten Grabegabel nur ein und rüttele am Stiel. Im Frühling wird dann das Grobe leicht zusammengeharkt und zum Anfangskompost gegeben. In den Beeten wird auf keinen Fall mehr etwas bewegt, sondern – sofern der Schnee weg ist – die Folie aufgelegt und sofort gesät oder gepflanzt.

Kompost braucht Schatten

Wer hat schon einen so großen Haselnußstrauch, daß er in seinem Schatten Kompost aufsetzen kann? Wenn der Garten nicht gar zu klein ist, weiß ich eine Lösung. Sie ist mit etwas Arbeit, aber mit nur wenig Kosten verbunden und wird mit Hilfe von Öltonnen ausgeführt. Die für den Kompostplatz vorgesehene Stelle schreitet man rundherum ab und bestellt hernach die errechnete Anzahl Tonnen – siehe Zeichnung S. 37. Man läßt sie sich schon ausgebrannt auf das Grundstück bringen, denn das Ausbrennen verursacht Ruß und Gestank.

Die Tonnen brauchen – sinngemäß wie Blumentöpfe – einen Wasserablauf, müssen also am Boden mit Löchern versehen werden. Ein Loch bohrt man dicht an die Innenwand, wo man später die Rohre oder Stangen für die Überdachung einsteckt.

Sind die Tonnen dann im Kreis aufgestellt, werden sie bis etwa zur Hälfte mit hygienisch einwandfreiem Material aufgefüllt, also mit Holzabfällen, Steinen oder Bauschutt. Es folgt Mineralboden und zuletzt etwas Kompost oder, wenn Kompost zu knapp ist, etwas Gartenboden.

Als Außenverkleidung werden gesäumte, gespaltene dünne Fichtenbretter oder Schwartlinge auf Drähte genagelt und um die Tonnen herumgelegt. Zuletzt steckt man Eisenstangen in die Tonnen, durch die erwähnten Löcher im Boden bis in die Erde und verbindet die jeweils gegenüber steckenden miteinander – wie es die Zeichnung Seite 37 zeigt. Oben werden die Stangen an der Tonne befestigt; das gibt dem »Gebäude« noch mehr Halt.

Zum Hinauframken eignen sich Stangenbohnen. (Für meine Geflügelvoliere nehme ich ›Neckarkönigin‹.) Wer Zierpflanzen vorzieht, kann Kalebassen oder Zierkürbis wählen. Da-

Seite 17

Sommer im Garten der Verfasserin – hier die durch Hochbeete terrassierte Wiese in Hanglage mit Stauden und Sommerblumen im Nordosten der Beete. Es blühen vor allem Staudenlupinen (Lupinus-Polyphyllus-Hybriden), in Sorten wie gelben Russel-Hybriden, karminroten ›Edelknabe‹ und leuchtendgelben ›Kronleuchter‹, einjähriger Rittersporn (Delphinium consolida), Bartnelken (Dianthus barbatus), Fingerhut (Digitalis purpurea ›Excelsior‹-Hybriden), Mädchenauge (Coreopsis grandiflora) und Garten-Ringelblumen (Calendula officinalis).

Seite 18

Ausschnitt aus dem Hauptteil der Hochbeetanlage. Aufnahme von Anfang Juni. Zur Bodenbedeckung wurden Bretter verwendet – wie auf den Seiten 45/46 beschrieben –, um neue Materialien zu erproben und von Folien unabhängig zu werden – siehe Seite 39.

Seite 19

Oben: Hochbeete, Ende Mai, mit Folie als Bodenbedeckung. Von Norden nach Süden: Im linken Beet Tomaten mit Erbsen, im mittleren verschiedene Gemüse wie Karotten mit Zwiebeln und Radieschen, Südreihe Schnittsalat und Erdbeeren.
Unten: Ende Juni – die Reihen sind jetzt fast geschlossen, nur links, an der Reihe mit Kohlrabi und Zwiebeln, ist noch schwarze Folie zu erkennen. Es folgen zwei Reihen Karotten mit Zwiebeln, in der Reihe gemischt, und die Südreihe mit blühenden Erbsen.

Seite 20

Das auf den Seiten 24/25 beschriebene „letzte Hochbeet", aus Hohlblocksteinen gebaut, jedoch mit Holz verkleidet. (Bewässerung durch senkrecht bis zur Hälfte ihrer Höhe eingesteckte Tonrohre, vergleiche Tafel Seite 79). Üppiges, frohes Wachstum aller Gemüsearten, wie auf den bisherigen Beeten. Mischkulturen reihenweise und innerhalb der Reihen, an der Südseite ranken Erbsen herunter. Rechts im Bild der mit Hohlblocksteinen belegte Weg: immer gut begehbar, außerdem wurde Erde zur Auffüllung des Beetes gewonnen.

mit Bohnen und Kürbisse gut klettern können, muß man auf die Stangen noch einen weitmaschigen Draht legen, denn mit der Stange allein als Kletterhilfe sind Bohnen und Kürbis nicht zufrieden. Und schließlich soll es ja auch ein Schattendach werden!
Zum Hinunterranken eignen sich Erbsen oder auch Tomaten sehr gut – siehe diese Pflanzen auf den Seiten 58 bzw. 60. Von den Sommerblumen gibt Kapuzinerkresse einen herrlich bunten Schmuck.

Vom Komposthaufen zur Kompoststätte

Mit der Zahl der Hochbeete wuchs der Kompostbedarf. Als erstes bekam ich von einem Sägewerk mehrere Treckeranhänger voll alte, abgelagerte Rinde. Dann brauchte ich Mist, den ich in den benötigten Mengen auf einmal nicht bekommen konnte. Glück hatte ich insofern, als ich von Bekannten, die Pferde hielten, den – leider schon überalterten – Mist bekam. Er ist für eine Warmkompostierung nicht mehr so wertvoll wie frischer Mist. Vom Bauernnachbarn bekam ich noch frischen Kuhmist, altes Heu und Stroh.
Zuunterst wurde ein Luftkanal aus alten Dachsteinen errichtet. Dieses Material wurde in Lagen aufgesetzt und zwischendurch Urgesteinsmehl gestreut. Während der Arbeit lief ein Sprenger, der das Material feuchthielt. Der Haufen war 10 m lang, 4 m breit und 2 m hoch. Über die ganze Miete wurde dann Silofolie gelegt und

am Boden mit Stangen festgehalten. Jetzt kam die große Ungewißheit: Wird die Miete bei dem wenigen Frischmist überhaupt warm? Sie wurde warm, aber nur sehr langsam. Jede Woche wurde ein Thermometer hineingesteckt und die Temperatur gemessen. Sie kam auf ungefähr 40°C.

<u>Wozu Heißkompostierung?</u> Gartenfreunde wissen, daß Kompost wichtig ist. Sie wollen ihn aber schnell bereiten. Aufs Land bringen kann man ihn nur einmal im Jahr. Warum dann die Hetze mit der Hitze? Auch in der Natur gibt es bei Rottungsvorgängen nicht diese Hitzegrade; und der Regenwurm kann bei 60 bis 70°C nicht leben. Wenn der Haufen nun kalt wird, dann soll plötzlich der Regenwurm drin sein? Ja, woher denn? Wenn ich in der Küche beim Salatwaschen mal einen Wurm finde, laufe ich damit zum Komposthaufen. Dessen frisches, nur grob gehacktes Material ist schon mit Mistwürmern besiedelt. Ich lasse die Gesellen ruhig in dem luftigen Haufen, solange es ihnen gefällt. Im Frühling wird er weitergesetzt, weil ich den Platz für den neuen brauche. Da der neue Abfall wieder dicht an den alten Haufen herankommt, haben die Regenwürmer nur einen kurzen Weg zu ihrem frischen Futterplatz. Es sind manchmal so viele, daß es aussieht wie Hackfleisch. Zum Sommer hin werden sie dann weniger, und im Spätherbst sind sie abgewandert. Der Kompost ist fertig und wird auf die Beete gebracht. Dieser auf dem Beet ausgebreitete Kompost ist eine Mulchschicht, die im Frühling durch das Auslegen der Folie vor dem Austrocknen geschützt wird. Die Folie könnte man ebensogut schon im Herbst auslegen. Nur bleibt in unserer Höhenlage dafür keine Zeit – der Schnee kommt zu früh.

<u>Schadstoffe im Kompost?</u> Das Hochbeet soll vom Kompost leben, in der Regel ohne weitere Düngung. Es soll keine Höchsterträge, sondern vor allem gesunde Pflanzen bringen. War der Kompost früher kein Problem, so hat sich dies Ende der siebziger, Anfang der achtziger Jahre geändert. Was der Wald uns an Rohmaterial für den Kompost gibt, ist mehr oder weniger mit Schadstoffen belastet. Auch Mist vom Bauernhof kann verdorben sein. Säuren, Schwermetalle, nicht abbaubare organische Verbindungen, Pestizide, chlorierte Kohlenwasserstoffe sind allgemein verbreitet. Vielerlei Kompostmaterial ist mit unerwünschten Stoffen belastet, die besonders im Zusammenwirken miteinander über die Nahrungspflanzen in unseren Lebenskreislauf gelangen können.

Der Bau des Hochbeetes

Wer ein Hochbeet baut, möchte natürlich möglichst gleich alle Arten des üblichen Gemüsesortimentes anbauen. Deshalb wäre es am besten, gleich zwei Hochbeete anzulegen: eins für Starkzehrer und eins für Schwachzehrer. Wenn man aber nur ein Beet hat, gibt man beim Aufbringen des Kompostes mehr davon an die Nordseite, denn die ist für die hohen Starkzehrer vorgesehen: Brokkoli, Blumenkohl und sonstige Kohlarten, Sellerie und Porree. Dann kommen Reihen mit Karotten, Zwiebeln, Rettich und Radieschen (ich baue immer auch innerhalb der Reihe gemischt an) und ganz vorn, also an der Südseite, Salate, Erbsen und Erdbeeren.

Baumaterial

Es war eine böse Erfahrung, daß die – nicht imprägnierten – Rundhölzer schnell faulen. Wegen möglicher Gesundheitsschädigung hatte ich von einer Imprägnierung abgesehen. Inzwischen sind giftfreie Holzschutzmittel im Handel, und neuerdings gibt es das gewerblich-technische Verfahren der Druckimprägnierung. Über beides wird an anderer Stelle dieses Buches ein Experte berichten.

Da also die Rundhölzer meiner Hochbeete schnell faulten, ging ich zu Hohlblocksteinen über und bin bei diesen Steinbeeten mit bester Zufriedenheit geblieben. Neben besserer Haltbarkeit bewahren sie auch die Wärme nachhaltiger als Holzbeete. Und auf der Kante von Steinbeeten kann man bequem sitzen. Beim Karottensäen oder Zwiebelstecken merkt man, wie angenehm das ist.

Steinbeete wirken allerdings ziemlich wuchtig. Wer will, kann sie mit gesäumten Schwartlingen verkleiden, sie sehen dann wie eine Holzkonstruktion aus.

Füllmaterial

Es ist immer knapp, das weiß ich aus Erfahrung. Strauchabfälle und sonstige Holzabfälle bekommt man noch am leichtesten zusammen, aber die Erde fehlt. Wenn man nun den Weg um das Beet mit Hohlblocksteinen ausfüllt, hat man eine Menge humoser Erde gewonnen, die man gesondert lagert und dann für die oberen Schichten verwendet. Genauso vorsichtig geht man mit der oberen Schicht vom bisherigen Flachbeet um. Es macht keine große Mühe, diese Erde in kleine Kisten oder Eimer zu schütten und beiseite zu stellen. So läuft man nicht Gefahr, sie bei der Arbeit zu zertreten oder mit dem jetzt folgenden Untergrund zu vermischen.

Auf keinen Fall gehört Zeitungspapier oder frisches Laub in das Beet! Wenn Laub anfällt, dann geht es über die Verrottung im Kompost, denn wir wollen ja einen biologisch wertvollen Boden aufbauen und nicht im Beet kompostieren.

Falls die Erde wirklich nicht ausreicht, macht man das Beet etwas niedriger und baut im nächsten Jahr beiderseits eine Steinlage dazu, damit das Arbeiten noch bequemer wird; die Nordseite muß stets eine Steinlage höher sein, damit sich die notwendige Schräglage ergibt.

Das Bauen selbst zeigen wir anhand der Fotos, die eingehend erläutert werden. Weitere Einzelheiten, insbesondere über die Baustoffe Holz und Hohlblocksteine und ihre Kosten, finden sich in den Abschnitten ab S. 64.

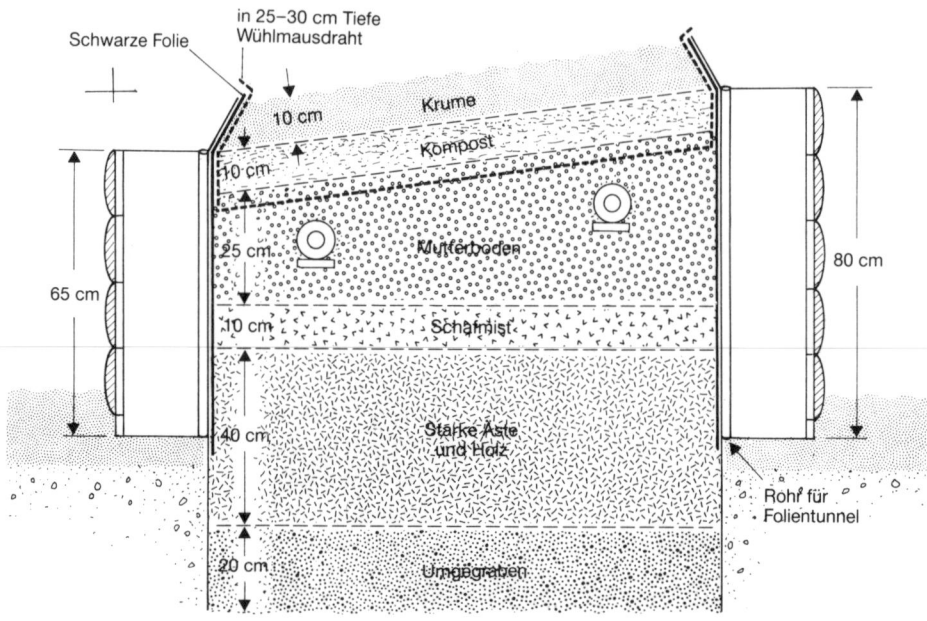

Dieser Querschnitt durch ein Hochbeet zeigt die Aufeinanderfolge der einzelnen Schichten – von der obersten Krume bis zum umgegrabenen, mit Grunddüngern versorgten Unterboden. An den Metallrohren kann mühelos ein Folientunnel befestigt werden. Die Konstruktion der Unterflurbewässerung wird auf den Seiten 81/82 beschrieben.

Eine wichtige Lehre

»Das letzte Hochbeet!« – wie oft habe ich das schon versprochen und doch mein Wort nicht gehalten. Im letzten Jahr aber sollte unter die Bauerei nun wirklich ein Schlußstrich gezogen werden. Dieser »Schlußstrich« wurde 16 m lang. Es sollte ein Geburtstagsgeschenk werden. Mit dem Bau wurde jedoch erst zehn Tage vor dem Geburtstag begonnen. Das war sehr knapp. Meine Helfer legten solch ein Tempo vor, daß sie es wirklich schafften und ich das Beet am Vortag noch mit Endiviensalat bepflanzen konnte. Alle waren stolz, daß sie es geschafft hatten – aber ich wußte, daß etwas nicht stimmte.

Beim Aufbau des Beetes muß beim Auffüllen des Strauchwerkes mit Erde ständig Wasser laufen. Die Erde muß gründlich eingeschlämmt werden, so daß sich eine feste Schicht bildet. Das klappte aber nicht, weil nicht genug Wasser dazukam. Wie konnte ich diesen beim Bauen begangenen Fehler beim fertigen Beet ausgleichen? Den Endiviensalat habe ich angegossen, und er wuchs gut an. Das unbehagliche Gefühl mit dem fehlenden Wasser aber blieb. Da stolperte ich über die Ablage von Drainagerohren, die aus einem aufgelassenen Beet stammten, das eine Untergrundbewässerung gehabt hatte.

Mit einem Häckchen grub ich zwischen den Salatpflanzen in einer Reihe die Rohre etwa zur Hälfte ein und ließ mit einem Schlauch Wasser hineinlaufen. Anfangs nahmen die Rohre nicht so sehr viel Wasser auf, aber je öfter ich nachfüllte, desto mehr. Das Wasser hat sich einen Weg nach unten gesucht – und das war der Zweck der Sache.

Die Rohre blieben im Beet, denn es ist eine sehr einfache, bequeme Art, den Untergrund zu bewässern.

Für dieses Beet war mehr Erde notwendig, als ich hatte. Darum wurden mehr Holz und Strauchwerk als bei den bisherigen Beeten eingelegt. Vor diesem Beet ist ein Kartoffelstück; von dem ließ ich abheben, was nötig war und kaufte noch Humuserde dazu.

Beregnen oder bewässern?

In den Büchern steht: Beregnen nur am Abend, wenn es kühler ist; das heißt, kaltes Wasser schadet dem Pflanzengrün. Das stimmt, darum beregne ich meine Beete nie. Dank der Abdeckung kann ich einfach zwischen den Reihen mit einem Schlauch wässern. Da, wiederum dank der Abdeckung, nur wenig Wasser verdunstet, brauche ich nur selten zu wässern; wenn es aber nötig ist, geht es auch bei stärkster Hitze, denn ich benetze ja nicht das Grün. Außerdem ist der Wasserverbrauch auf diese Weise sehr niedrig.

Untergrundbewässerung

Ich habe sie nur im Folienhaus auf den jetzt 60 cm breiten Beeten. Aber auch hier nicht als echte Untergrundbewässerung, sondern in Form einer Tropfbewässerung mit Plastikschläuchen, die einfach in die Erde gedrückt und mit einem Brett beschwert wurden. In die Schläuche habe ich auf einer Seite in Abständen von 20 cm mit einem Locheisen Löcher von etwa 2 mm Durchmesser eingeschlagen. (Abstände und Durchmesser kann jeder ausprobieren.) Der Wasserverbrauch richtet sich nach dem Druck. Das Verfahren hat sich sehr gut bewährt. Zwei Schläuche auf ein Beet und dann noch ein Brett in der Mitte – das ergibt eine fertige Beetabdeckung. Das könnte man im Freiland genauso machen, aber dann wären bei 1,20 m Breite vier Schläuche nötig. Das aber würde zu kostspielig und zu unbe-

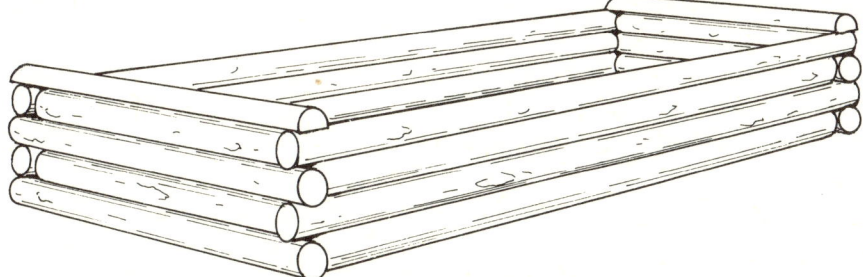

Stangenhölzer werden so übereinander gelegt, an den Ecken im Kreuzverband, und mit Rundeisen verankert. Rohe, nicht gefräste Stangen werden wechsellagig gegeneinander gelegt – siehe auch Bauanweisungen ab Seite 72.

So kann bei jeder Tageszeit gewässert werden, denn nicht die grünen Pflanzen werden benetzt, sondern der Boden und auch dieser nur mittelbar über die Bodenbedeckung – hier bei Abdeckung mit Brettern.

Vom Mistbeet zum abgedeckten Hochbeet und zum Folienhaus

An einer Südwand wurde ein 3 m langes und 80 cm breites Beet 60 cm tief ausgehoben. Rundherum baute ich eine 15 cm breite und 15 cm hohe Mauer. Dann kamen Mist und Erde bis zur Mauer hinein, so daß noch etwa 15 cm Luft bis zu den vier Fenstern blieben. Zum Lüften legte ich ein Stück Holz unter jedes Fenster.
Die Pflanzen wuchsen prächtig, mußten aber betreut und dann verzogen werden. Abheben konnte ich die schweren Fenster nicht. Am Handgriff hob ich sie an und stützte sie mit einem 80 cm langen Stecken ab – eine kipplige Angelegenheit! Es kam, wie es kommen mußte: eines Tages riß ich die Stütze um, und das Fenster ging zu Bruch. Ich ließ es nicht reparieren, sondern legte nun die drei verbliebenen Fenster mit Abstand auf das Beet, säte Gurken, legte vorn ein Lüftholz unter und kümmerte mich nicht mehr um das Beet. Den ganzen Sommer über habe ich dann reichlich Gurken geerntet. Dort pflanze ich seither alle Jahre Gurken mit gutem Erfolg, ohne mich dann noch darum zu kümmern. Im Freien wächst in 850 m Seehöhe keine Gurke.

quem. Eine Erfahrung hat sich jedoch ergeben: Wo eine frühe Erderwärmung mit Hilfe schwarzer Folie nicht unbedingt nötig ist, genügen einfache, billige Bretter, möglichst gesäumte Schalbretter oder Abfallbretter vom Sägewerk. Solange die Bretter noch nicht ganz durchfeuchtet sind, werfen sie sich gern. Das kann man ihnen abgewöhnen, indem man die Enden mit einem Stein beschwert und sie auch mit der jeweils trockenen Seite auf den Boden legt, also wechselnd. Die Abdeckung mit solchen Brettern dürfte bei Gärten in normaler Höhenlage, wo man nicht um die frühe Erwärmung des Bodens kämpfen muß, die gesündeste und bequemste sein.
Bei jedem Material muß man darauf achten, daß es keine Schadstoffe enthält und daß man es preiswert bekommt. Geeignet sind – wie schon erwähnt – auch alte Dachziegel, die oftmals in Mengen herumliegen und wo der Besitzer froh ist, wenn ein Gartenfreund sie wegholt. Dann gibt es auch Fliesenreste, alte Linoleumböden, Wachsdecken oder einfach Pappe und Pappkartons. Zur besseren Wärmespeicherung kann man diese Materialien mit ungiftiger schwarzer Farbe anstreichen.

Hochbeet als Mistbeet

Wer sich aber nicht bücken will oder kann, um die Sämlinge zu betreuen, kann seinen Traum vom Frühbeet dennoch verwirklichen: er macht ein Hochbeet zum Frühbeet. Der Boden

Wer will, kann sein Hochbeet als Früh- oder Mistbeet nutzen und mit Plexiglas abdecken, wie ab Seite 26 unten mit weiteren Einzelheiten beschrieben.

wird bis zum »Mäusedraht«, der bei 30 cm Tiefe liegt, ausgeräumt. Bis 5 cm unter die Oberkante kommt Mist in das Beet, darauf 10 bis 15 cm Komposterde, die man an den Seiten mit einem Brett abstützt. Darauf legt man das leichte, käufliche Abdeckfenster aus Plexiglas – siehe Zeichnung.
Wenn man keinen Mäusedraht eingebaut hat, ist es noch einfacher. Man gräbt so tief aus, daß man mit Mist und Kompost ungefähr 10 cm unter der Beetkante bleibt.

Das erste Folienhaus

Wenn man in 850 m Höhe lebt, einen Teil seiner Jungpflanzen selbst ziehen und frühzeitig Salat essen möchte, kommt man mit den Fensterbänken im Haus nicht aus. Über zwei 1,20 m breite Beete – es waren damals noch normale Flachbeete – wurde ein Maschendraht auf Eisenstangen gelegt, darauf die gelbe Dauerfolie, die einige Jahre Garantie hat.
Nachts wurde ein kleiner Wirbler an-

So muß man am Flachbeet Jungpflanzen setzen – in der Hocke oder tief gebückt. Am Hochbeet wird bequem im Stehen gearbeitet – siehe oben.

geschaltet, und die Pflanzen kamen gut über den Frühling, der bei uns noch Nachttemperaturen von bis minus 8°C bringt. Ich war glücklich, meine Pflanzen jetzt selbst vorziehen zu können. Ein 1,20 m breites Beet konnte ich aber auf die Dauer nicht von der Seite aus bearbeiten – da mußte etwas geschehen: Auch im Folienhaus mußte das Beet höher werden.

Hinten wurden Hohlblocksteine aufgebaut, vorne Holzstangen, 70 cm hoch, und das Beet mit Erde aufgeschüttet. Die Erde holte ich von der Wiese und breitete obenauf den Mutterboden aus, den ich vorher abgenommen hatte. Das Beet war ein großer Erfolg für die Knie. Aber die Arme reichten nicht ganz darüber; der unerreichbare Streifen wurde mit Pappe und einigen Brettern abgedeckt. Dort konnte noch ein bepflanzter Kasten Platz finden.

Bei einem Hochbeet hätte ich einfach einige Drahtbögen darübergesteckt und dünne Folie darübergespannt, um die Wärme zu halten, wie in meinem früher viel zu großen Folienhaus.

Verbessertes Folienhaus

Die Schwierigkeiten, die ich bei meinem Folienhaus bekam, möchte ich meinen Gartenfreunden nicht zumuten. Deshalb will ich zeigen, wie ich das viel zu große und unbequeme, auch von außen nicht schöne Folienhaus umgebaut habe – s. Zeichnung S. 34. Über Winter ist es wie ein Treibhaus nutzbar, denn es braucht

Seite 29

Die auf Seite 14/15 beschriebene Kompoststätte: »Dieser riesige Haselstrauch, der wundersam auf einem großen Felsblock sitzt, überschattet die Kompoststätte.« *Der Kompost wird von Stangen zusammengehalten. Die Kompoststätte wurde erweitert, auf der unteren Aufnahme sind alle drei* »Abteilungen« *zu erkennen. Je nach Verrottungszustand kann von einer* »Abteilung« *in die nächste umgesetzt werden, bis die Regen-, d. h. Kompostwürmer abgewandert sind und der Kompost als ausgereiftes Material auf die Hochbeete kommen kann (siehe Seite 14/15). Am rechten Eckpfosten der ersten* »Abteilung« *steht der im Text erwähnte Hauklotz.*

Seite 30

Vier Aufnahmen zum Kapitel »Vom Komposthaufen zur Kompoststätte«, *Seiten 21/22.*
Oben links: Sammelhaufen der Rohstoffe; von links nach rechts: abgelagerte Rinde, Stroh und Heu, Mist.
Oben rechts: Der aus alten Dachplatten errichtete Luftkanal.
Unten links: Die fertig aufgesetzte 10 m lange, 4 m breite und 2 m hohe Miete, mit erdigem Material abgedeckt.
Unten rechts: Angebrochene Kompostmiete aus bester Komposterde, reich an schwarzbraunen, humosen Stoffen. Diese Miete wurde mit Folie abgedeckt.

Seite 31

Oben: Hochbeete im März. Mitte des Monats liegt in 850 m Höhe zwar noch viel Schnee, aber die Folie wird ausgelegt.
Unten: Ende März wird in die zwischen den Folien frei gelassenen, 5 cm breiten Streifen gesät, und zwar frühe Karotten.

Seite 32

Tomaten-Jungpflanzenanzucht.
Oben: Die Sämlinge wurden in oben eingerollte Plastikbeutel in ein Kompost-Torf-Gemisch pikiert.
Mitte links: Der Sämling wächst mit dem ebenfalls »wachsenden« Beutel, der allmählich aufgerollt und mit Torf-Kompost-Gemisch aufgefüllt wird.
Mitte rechts: Ein Sack wurde aufgeschnitten: Die Wurzeln haben das Substrat durchzogen.
Unten links: Jungpflanzen im Blumenkasten, aber noch ist der Plastiksack nicht ganz aufgerollt.
Unten rechts: Die Wurzeln der jetzt blühenden Jungpflanzen haben das Substrat ausgefüllt, der Sack ist nun ganz aufgerollt.

für seinen kleinen Luftraum nur wenig Wärme, die man mit einem Wirbler halten kann – jedenfalls bis zu bestimmten Außentemperaturen. (Nicht in 850 m Höhe, wo man sehr oft unter minus 20°C hat.) Noppenfolie ist ein guter zusätzlicher Wärmeschutz.

In diesem Folienhaus kann man wie im Garten arbeiten: Die Beete werden als Hochbeete mit tiefgründigem Boden errichtet und bewässert, wie auf Seite 34 beschrieben. Man kann über Winter Jungpflanzen anziehen. Kohl wird dort direkt ausgesät. Die am Fenster vorgezogenen Tomaten kommen auch dorthin.

Das Blumenbeet vor dem alten Folienhaus mußte ich bückend betreuen, also ließ ich ein Hochbeet davor bauen. Die Arbeit dauerte nur zwei Tage, denn das Beet ist schmal und aus Holz. Es ist für Blumen und Erbsen bestimmt.

Für den Anfang, als Übergangslösung, könnte man sich ein Minihaus aus einem Hochbeet machen, als Schutz für Frühjahrspflanzungen – siehe Kapitel »Vom Mistbeet zum abgedeckten Hochbeet«.

Kaltes Wasser ins Folienhaus?

Der Winter ist vorbei, und die ersten Pflanzen und Samen sollen ins Folienhaus. Ohne Wirbler für die Luftheizung geht es nicht. Aber der Boden ist trocken. Darf nun kaltes Wasser über die Bewässerung an die Wurzeln gelangen? Nein! Warmes Wasser muß von unten in den Boden, um die Erde

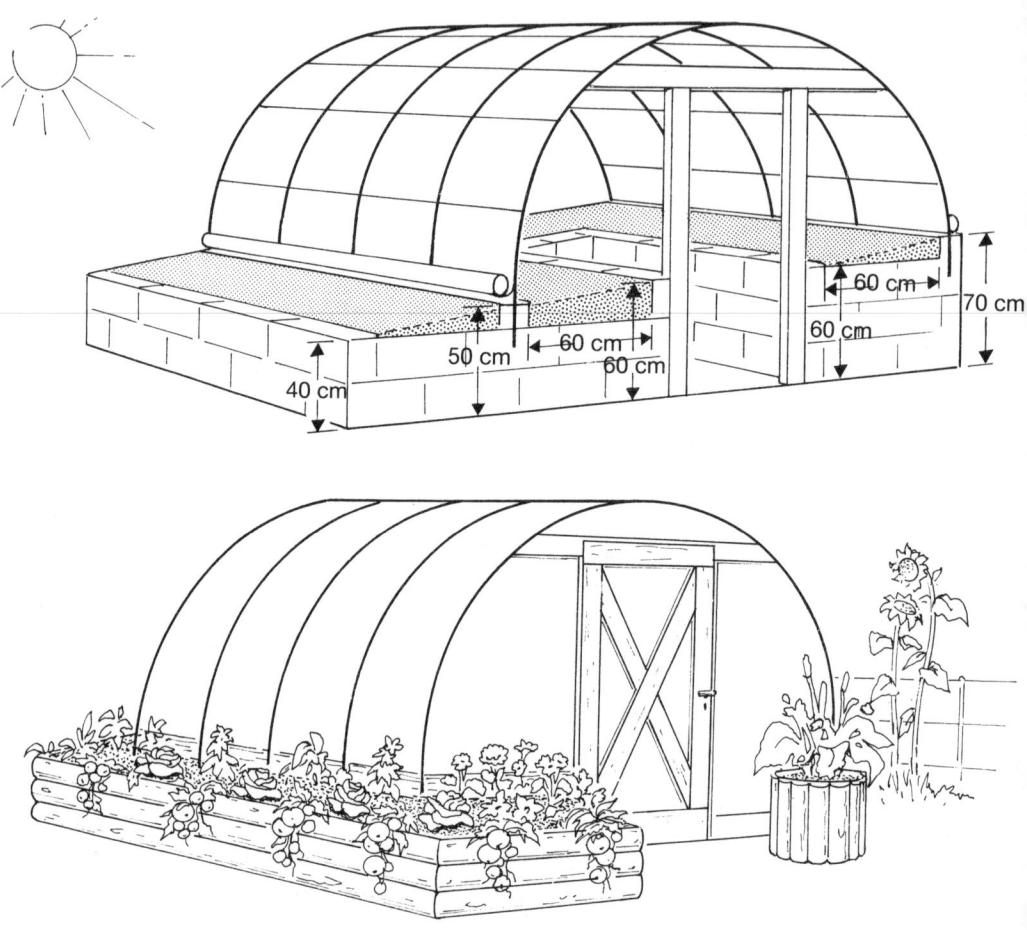

Folienhaus mit Hochbeeten, schematische Darstellung und Ansicht. Beet- bzw. Arbeitsbreiten nur 60 cm! Nach Norden jeweils um 10 cm ansteigend. Je nach Klimagebiet ist das Haus im Winter mit Zusatzheizung als Treibhaus nutzbar.

etwas zu erwärmen. Obwohl draußen noch hoch Schnee lag, legte ich einen Schlauch zum Wohnhaus und schloß die Untergrund- oder besser Obergrundbewässerung an. Das kostet warmes Wasser, aber das macht man ja nicht täglich. Und wenn der Boden erst einmal richtig feucht ist, hält dies durch die Bedeckung lange an. Es ist natürlich vorteilhaft, wenn man die für das Freiland bestimmten Pflanzen, die man im Folienhaus vorzieht, mit warmem Wasser versorgt, das ergibt einen großen Vorsprung. Dies gilt vor allem für die verschiedenen Kohlarten.

Hochbeete – frei von Krankheiten und Schädlingen

Von irgendwelchen Bekämpfungsmitteln verwende ich keine Spur. Dennoch habe ich keine Blattläuse oder Raupen und in den letzten Jahren auch keine Schnecken mehr. Hier wirken sicherlich vielerlei Ursachen zusammen.

Zunächst die Regeln der Mischkultur: Nicht nur nach Reihen, sondern auch innerhalb der Reihen baue ich gemischt an. So hilft bei der Gesundheit der Karotten die Mischung mit der Zwiebel. Weitere Beispiele folgen an anderer Stelle – siehe Seiten 94/95.

Dann säe ich überall, wo eine Stelle frei ist, Blumen oder Kräuter ein: Fingerhut *(Digitalis)*, Ringelblume *(Calendula)*, Tagetes, Malven und besonders Kapuzinerkresse – diese, wo immer möglich, an den Beetecken, siehe Fotos Seiten 17, 43, 44. Wir essen sie den Sommer über mit der Blüte, pur oder mit anderen Salaten zusammen. Große Mengen davon werden auch eingefroren und im Winter mit Quark gemischt, das ist ein herrlicher Brotaufstrich – oder mit Kartoffeln ein Mittag- oder Abendessen.

Weiterhin dürfte sich die Bedeckung mit Folien oder Brettern auswirken; sie schafft zwischen Boden und Pflanze eine trockene Zone. Vor der Folienbedeckung jedenfalls hatte ich nicht so wenig Ungeziefer. Schnecken waren auf jeden Fall da. Ihnen könnten schließlich auch die hohen, schwer erreichbaren Beete hinderlich sein.

Hühnerhaltung – wichtiger Beitrag zur Düngung

Wer Hühner halten kann, hat einen höchst wertvollen Beitrag zur Kompostbereitung und Düngung. Hühner – welcher Rasse auch immer – im Garten frei herumlaufen zu lassen, ist allerdings nicht möglich. Sie zerscharren alles, was da wächst, wenn sie nach Würmern suchen.

Die Gelegenheit zum Scharren gebe ich ihnen in einer großen Voliere, die meine ist 6 mal 30 m groß. Grasschnitt von Wiese und Garten kommt nicht auf den Kompost, sondern in die Voliere – siehe Foto Seite 42. Die Hühner fressen das Gras und zerscharren die Reste so fein, daß es schon fast Kompost ist. (Dieses Material eignet sich beispielsweise schon zum Anpflanzen von Kürbis: etwas davon in das Pflanzloch tun und ringsherum eine etwa 15 cm hohe und 40 cm breite Schicht um die Pflanze legen. Der Rest wird kompostiert.)

Den Grasschnitt über Hühnerhaltung zu verwerten, ist meines Erachtens günstiger, als ihn frisch auf den Kompost zu geben. Er wird dort zu heiß und fault eher, als daß er verrottet. Auf dem Kompost muß man ihn gründlich mit anderem, etwas trockenerem Material mischen.

Die Hühner haben einen Stall, wo sie schlafen und Eier legen. Er wird mit Heu, von dem die Hühner auch fressen, eingestreut. Von Zeit zu Zeit bringt man das zerfressene und zerkratzte Heu auf den Kompost. Der zurückbleibende trockene Kot kommt in eine Tonne und ergibt Flüssigdünger für Starkzehrer, auch mit Brennesseljauche gemischt. Dieser Flüssigdünger, verdünnt angewandt, ist frei von Schadstoffen, denn die Tiere bekommen als Zusatzfutter zum Grünzeug Rüben und angekeimtes Getreide.

Hühnerrassen   Neben einem kleinen Stamm von Paduanern habe ich Zwerghühner, die mit einem besonders schönen Hahn und einer überdurchschnittlich großen Zwerghuhn-Henne, die auch besonders große Eier legte, selbst gezüchtet wurden. Da der Stall im Winter leicht beheizt wird, legen die Hühner ganzjährig fleißig. Als Legehühner gehalten, werden sie zehn, zwölf Jahre alt. Sie legen etwa 120 Eier im Jahr, erreichen also 1200 Stück und mehr als Lebensleistung.

Jungpflanzen selber anziehen?

Als Hobbygärtner zieht man nicht alle Jungpflanzen selber an. Es gibt »leichte« und »schwierige« Arten. Zu den leicht anzuziehenden gehören Kohlrabi und Tomaten. Der Anzucht der Tomatenjungpflanzen ist ein Abschnitt (Seite 59) und eine Bildtafel (Seite 32) gewidmet. Auch Kohlrabi kann der Gartenfreund leicht selber anziehen, am besten im überdachten Hochbeet, siehe Abschnitt »Vom Mistbeet zum abgedeckten Hochbeet«, Seite 26. Kohlrabi ›Roggli‹ verträgt sogar einige Kältegrade.

Die Anzucht der schwierigeren Arten aber überlasse man dem Profi: Sellerie, Paprika, Porree. Der Gärtner hat die über Winter geheizten Häuser, die zur Jungpflanzenanzucht auf 20°C gehalten werden. Sellerie beispielsweise wird im Februar ausgesät – er braucht lange , bis er aufgeht! –, wird in Kisten pikiert, schließlich in Töpfe umgepflanzt, immer warm gehalten und mit angewärmtem Wasser gegossen – und dies alles bis Mitte Mai. Wer diese sorgfältig angezogenen Pflanzen braucht, bestelle sie rechtzeitig bei seinem Gärtner. Er setze sie dann nicht einem Kälteschock aus; den überleben sie zwar, schießen aber im Sommer in Blüte und setzen keine Knollen an.

Ähnlich heikel in der Anzucht ist Paprika. Er gehört ohnehin ins Folien- oder Kleingewächshaus, am besten immer zwei zusammengepflanzt; sie gedeihen als Kameraden dicht beieinander besser.

Porreesämlinge und -jungpflanzen sind zwar nicht so wärmebedürftig wie Sellerie und Paprika, aber empfindlich beim Pikieren. Sie werden nicht getopft, weil sie nicht mit Wurzelballen gepflanzt werden. Pflanzanweisung siehe Seite 58.

Drei Tips zum Selbermachen

Pflanzkübel

Gartenfreunde möchten im Sommer immer Blumen um sich haben – am Sitzplatz, an der Terrasse, im Vorgarten. Es gibt 100 bis 120 cm hohe Öltonnen: auf halber Höhe durchschneiden lassen, gut reinigen und mit Halbrundhölzern verkleiden. Die Hölzer werden dazu ausgebreitet und mit jeweils zwei Krampen auf Drähten befestigt. Dieser Mantel wird um die Tonne herumgelegt. Das ergibt gut aussehende, billige Pflanzenbehälter für Blumen oder auch für Gemüsearten wie Tomaten. Ich habe zehn solcher Kübel rund ums Haus stehen. Sie lösen die niedrigen Blumenkästen ab, bei denen man mit dem Gießen nicht nachkommt. Diese selbergebastelten Kübel halten die Feuchtigkeit viel besser.

Schattiger Ruhe- oder Kompostplatz

Aus eben beschriebenen halbhohen Kübeln bilde man einen Ring, stecke gebogene Metallstäbe ein und überbrücke diesen Rundplatz. Ringsherum werden dann Stangenbohnen gepflanzt, die das Ganze überranken. Weitere Einzelheiten siehe Seite 15.

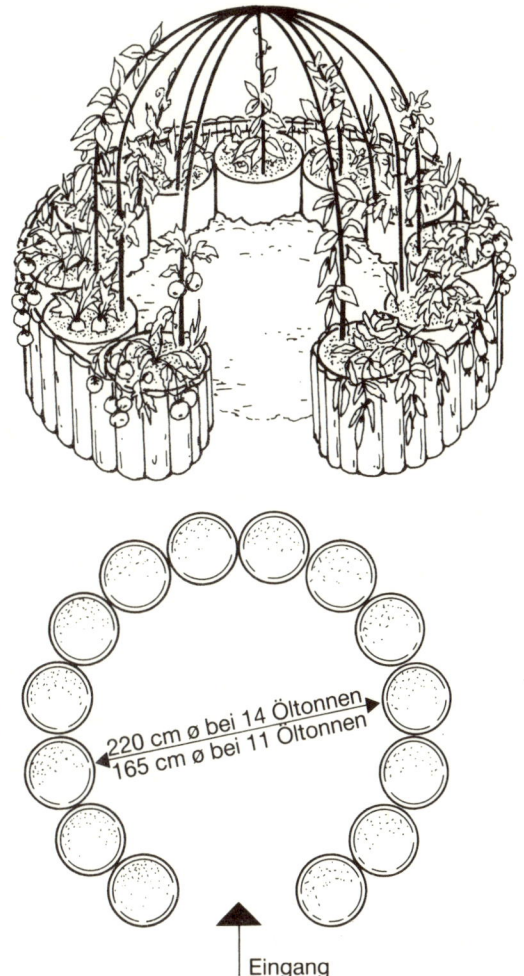

Ansicht und Grundriß zum Vorschlag »Schattiger Ruhe- oder Kompostplatz«, wie im Kapitel »Kompost braucht Schatten«, Seite 15, beschrieben.

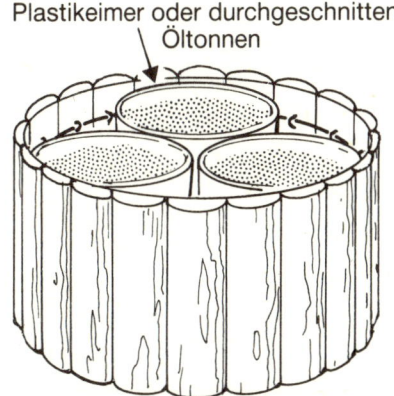

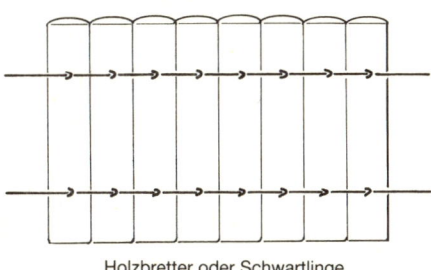

Mit den auf Drähten aufgenagelten dünnen Brettern oder Schwartlingen werden die Plastikeimer oder durchgeschnittenen Öltonnen umkleidet.

Gartenland urbar machen

Man steht vor einem Stück Land voller Gras und Unkraut, also einem Stück, das noch nie gärtnerisch bearbeitet wurde. Es soll zum Garten werden. Im Gartenbuch steht: rigolen. Das ist mit die härteste und schwerste Knochenarbeit, die man sich vorstellen kann. Vor vierzig Jahren bin ich dieser Empfehlung einmal gefolgt. Jetzt mache ich das leichter so: In Abständen von 1 m im Verband einen Spaten Erde ausheben, Kompost hineingeben und Kürbis pflanzen. Das Stück alsdann dicht mit Packpapier und dicker Zeitung belegen, bis dicht an die Pflanzstellen heran. Bei Hanglage fängt man mit Belegen oben an, damit das Wasser zum Boden hinfließen kann. (Also umgekehrt wie beim Legen von Dachziegeln, wo man unten anfängt.) Alles wird mit Brettern in Abständen bedeckt, damit das Papier nicht wegfliegt. Das Ganze sieht eine kurze Zeit lang nicht schön aus, wird aber bald zu einem herrlichen Kürbisfeld und ergibt einen lockeren, unkrautfreien Boden. Und eine Ernte obendrein! Sinngemäß dürfte das auch mit Zucchini gehen, entsprechend dichter gepflanzt.

Blumen und Kräuter im Garten mit Hochbeeten

Wenn man meinen Gemüsegarten von der Ferne aus anschaut, sieht er wie ein Blumengarten aus. Wie ist es dazu gekommen? In der Nordostecke der Hochbeete säte ich immer mal einige Sommerblumen aus, frostempfindliche Arten auch im Folienhaus, und pflanzte sie dann aus, wo sich Lücken zeigten.

Ringelblumen *(Calendula)* werden bewußt in Beeten ausgesät. Sie kommen dann gerne von selber wieder. (Die Blüten werden geerntet für Tees und Salben.) Die Kamille allerdings bekam hier und dort eine Reihe für sich. Diese Zweijährige wächst über die Ränder hängend herab.

Es blieb aber nicht bei Sommerblumen; gelegentlich pflanzte ich auch mal eine schöne Lupine oder Königskerze, also Stauden, die nach Größe und Ausdauer nicht »Blümchen« sind. Diese höheren Pflanzen kamen aber immer nur an Nordostecken.

Neben den Beeten fanden sich auch Stauden wie Schöllkraut oder Wegwarte von selbst ein. Gepflanzt wurden Staudenlupinen und Rudbeckien. Einige Bilder zeigen solche Szenen.

Halbhohes Blumen- und Kräuterbeet

Ein Beet aber blieb Blumen und Kräutern vorbehalten. Da stehen bunt durcheinander vielerlei Arten. Am Nordostrand ein Seidelbast, irgendwo ein Lavendelbusch, überall verstreut Frühlingsblüher wie Kugelprimeln. In einzelnen Exemplaren finden sich Heilkräuter. Die wichtigeren und zugleich nicht alltäglichen werden hier auch mit botanischem Namen genannt. Alant, Baldrian, Bärlauch *(Allium orsinum)*, Beinwell, Frauenmantel, Goldrute *(Solidago* virgaurea), Hauhechel *(Ononis spinosa)*, Johanniskraut, Liebstöckel, Pfefferminze in drei Arten, Salbei, Schafgarbe, kleines Stiefmütterchen, Thymian, weiße Taubnessel, Weinraute, Wermut, Tormentill *(Potentilla tormentilla)*, Wiesengeisbart *(Spiraea ulmaria)* und Zitronenmelisse. Die weiße Zaunrübe *(Bryonia alba)* steht an der Garagenwand, sie klettert an Drähten 5 bis 6 m hoch und kann zur Last werden.

Prinzip Hochbeet: Humusschutz im Gebirge

Die Grundregeln des Hochbeetes könnten auch im Gebirge angewandt werden und dazu beitragen, die Lebensverhältnisse dort zu verbessern. In Verbindung mit staatlichen finanziellen Hilfen, die es im Gebiet der EG gibt, könnten Gebirgsbewohner davon abgehalten werden, abzuwandern. Gebirgsbauern trugen früher das Heu in Bündeln auf dem Rücken zum Stall. Die jungen Leute machen das nicht mehr, die Alten sterben weg, die Bewohner wandern ab und die Anwesen verfallen. Heu für Milchkühe wird sich auf arbeitssparende Weise in Höhenlagen nicht mehr erzeugen lassen.
In vielen Lagen reicht das Futter aber noch für Schafe und Ziegen.
Wenn es dann noch gelänge, Gemüse anzubauen, würden die Lebensmöglichkeiten verbreitert. Dazu aber gehört Humusboden, der sich im kurzen Gebirgssommer schnell erwärmt. Doch die Hänge sind steil, auch bei wenig Hangneigung wird die Humusschicht abgeschwemmt, wenn man sie nicht durch Stangenhölzer oder Steine zum Halten bringt und nicht bedeckt. Es wäre einfach, die im Gebirge reichlich vorhandenen Steine zu Mauern aufzubauen, hinter diese Mauern Strauchwerk und Holzabfälle zu packen, mit Mineralboden aufzufüllen und den spärlich vorhandenen Humusboden – jetzt vor Abschwemmung geschützt – aufzubringen und abzudecken. So ließe sich im Gebirge Gemüse zur Selbstversorgung anbauen.
Auch in Gebirgslagen der sogenannten Entwicklungsländer könnte man den Hunger so besser bekämpfen als mit Lebensmittelspenden. Vielleicht sollten wir Zement spenden, so daß die Mauern dauerhafter gebaut werden könnten.

Kunststoffe

Kunststoffe spielen heute im Leben der Menschen eine große Rolle! Es gibt kaum ein Gebiet, auf dem sie nicht die herkömmlichen Rohstoffe weitgehend verdrängt hätten. In Landwirtschaft und Gartenbau beherrschen die ideal scheinenden und billigen Kunststoffprodukte im wahrsten Sinne des Wortes das Feld.
Verhältnismäßig spät, erst anfangs der siebziger Jahre, kamen Bedenken auf. Ergeben sich etwa Giftwirkungen für Mensch und Tier? Bei den Herstellerbetrieben ließen sich gesundheits-, ja

lebensbedrohende Nebenwirkungen nicht länger übersehen. In PVC- (Polyvinylchlorid-) Folien ist das giftige Vinylchlorid in verschieden hohen Konzentrationen vorhanden; es kann über längere Zeiträume hinweg gasförmig in Erscheinung treten und wirkt unter Umständen schädigend.

Bei unseren Hochbeeten geht es um die aufgelegten, sehr nützlichen schwarzen Folienstreifen. Diese als Deckplanen erhältlichen Folien wandten wir zunächst bei der Kompostanlage an und beobachteten folgende positive Wirkungen: Die Rotte kam wesentlich schneller in Gang als ohne Abdeckung. Bei starken Niederschlägen wurde übermäßige Durchnässung verhindert. Die Regenwürmer entwickelten sich außerordentlich stark – sie lebten klumpenweise unter und selbst auf der Folie. (Siehe Fotos Seite 68.) Im Sommer bezogen Ringelnattern die warmen Komposte zur Häutung und später zur Eiablage. An kühlen Tagen hielten sich die Tiere unmittelbar unter der Foliendecke auf, die sich ja infolge der dunklen Farbe selbst bei wenig Sonneneinstrahlung erwärmt.

Von einer Schädigung durch gasförmiges Vinylchlorid war nicht das geringste zu bemerken. Dies hatten wir jahrelang einwandfrei beobachten können. Wir hatten also keine Bedenken, die Planen in Streifen zu schneiden und damit die Pflanzreihen der Hochbeete abzudecken. In unserer Höhenlage braucht der Boden unbedingt eine Erwärmungshilfe, die eben durch die schwarze Farbe der Bedek-

Seite 41

Oben: Mitten im Hochbeetgarten der Verfasserin: terrassenförmig angelegte Hochbeete in Holzbauweise. Am Südrand der Beete Erdbeeren; im Mittelgrund das Hühnerhaus mit Voliere.

Unten: Blick in die auf Seite 35 beschriebene Voliere zur Hühnerhaltung. Die Zwerghühner mit »einem besonders schönen Hahn« und die Peruaner mit ihren Hauben (im Vordergrund zwei Tiere dieser Rasse) bekommen Grünzeug und als Zusatzfutter Rüben und angekeimtes Getreide.

Seite 42

Zwei Hochbeete in einem bäuerlichen Nebenerwerbsbetrieb im Allgäu, arbeissparend mit wenigen Gemüsearten bepflanzt, oben Porre in üppigem Bestand, unten Erbsen.

Seite 43

Oben: Hochbeete, eingerahmt von Kapuzinerkresse. Auf den Nordreihen der Beete links Grünkohl – Aufnahme von Anfang Oktober.
Unten: An verschiedenen Stellen im Garten und am Haus stehen Pflanzkübel, wie auf Seite 36 beschrieben, hier mit Frühlingsblühern bepflanzt.

Seite 44

Oben: Hochsommer – Stauden an der Nordostseite von Hochbeeten, hier Rudbeckien.
Unten: Wildstauden vor dem Folienhaus, am Ende eines Hochbeetes: Weißer und Roter Fingerhut.

kung gefördert wird. Weiter verlangt das Hochbeet einen echten Verdunstungsschutz. Darüber hinaus verhindern Folien wirksam Unkrautwuchs zwischen den Reihen. Auf den Seiten 10/11 wird dies beschrieben.

Seit etwa Mitte der achtziger Jahre nun häufen sich die Warnungen vor jeglicher Folienverwendung. Besonders einem Argument ist schwer zu begegnen: Die Kunststoffindustrie hat sich nicht nur in der Bundesrepublik Deutschland, in Österreich und der Schweiz, sondern weltweit entwickelt. Preisgünstige Importe nehmen zu. Die Hersteller längst nicht aller Länder aber kümmern sich um Toleranzen für die noch giftigen Weichmacher. Die Überschreitung soll krasse Werte erreichen.

Wir bemühen uns deshalb, die Verwendung von Folien einzuschränken und sie möglichst nicht mehr in unmittelbarer Nähe der Pflanzen zu verwenden, soweit nicht Folien mit Qualitätsnachweis am Markt sind.

Wie können Folien ersetzt werden?

Bodenbedeckung ist im Hochbeet unentbehrlich, Mulchen der sonst üblichen Art ist aber nur bei größeren Flächenkulturen praktizierbar. Welche preiswerten Materialien könnten Schwarzfolien bei Reihenentfernungen von unter 30 cm ersetzen? Unpräparierte Stoffe wie Jute, Kokosleinen und Pappe – alles giftfrei.

<u>Bretter und Pappe</u> Erfahrungen sammeln wir mit Brettern. Das gibt

sicher einen Rückschlag beim Aufgehen der Karotten, weil Bretter die Wärme nicht so gut halten. Um den Sellerie nicht beim Dickenwachstum zu hemmen, ist es gut, zuunterst Pappe aufzulegen und diese durch ein Brett zu beschweren. Die Pappe kann der Sellerie dann wegschieben.
Als Abdeckmaterial eignet sich auch Pappe, insbesondere Wellpappe von großen Kartons, die heute in Supermärkten in Mengen anfallen. Die Arbeit mit Pappe ist allerdings nicht so bequem wie mit Brettern; man muß sie in Streifen schneiden und mit Haken befestigen, genau wie Folien. Man muß sie auch wie Folien aufschlitzen, dann kann man besser bewässern. Zur Not eignet sich feines kräftiges Packpapier. Nicht bewährt hat sich dagegen Ölpapier.

Naturvlies Aus der Schweiz kommt ein dort von den Vereinigungen für biologischen Landbau anerkanntes Produkt, ein Naturvlies (siehe Nachweis im Anhang). Es wird zur Unkrautbekämpfung im Obst- und Gartenbau, zum Abdecken von Kompostmieten und zum Feuchthalten des Bodens bei Spezialkulturen wie Baumschulen verwendet. Auch für Hochbeete dürfte es sich gut eignen. Das Vlies besteht aus Torf, verstärkt durch textiles Fadengewebe, das auch die Feuchtigkeit transportiert. Im Freiland beträgt die Haltbarkeit bis zur Verrottung etwa vier Monate. Das Vlies ist in Rollen zu 100 m, 1,5 m breit, erhältlich.

Regenwasser sammeln?

»Es regnet, Gott segnet, die Erde wird naß« – ein Spruch, an den sich die Älteren unter uns aus ihrer Kindheit erinnern. Wenn wir uns die Natur weiterhin so brutal untertan machen wie in den letzten Jahrzehnten, wird der Spruch bald lauten müssen: »Es regnet, der Teufel ist tätig, verschwefelt die Erde.« Wie steht es heute um die Qualität des Regenwassers? Sollen wir es sammeln?
In einem alten Brockhaus ist über den Regen unter anderem noch zu lesen: »Flüssiger Niederschlag aus den Wolken. Regenwasser enthält Beimengungen, besonders Ammoniak, Salpeter, salpetrige Säure, auch Staub, Pollen, Mikroorganismen, Ursache für die Weichheit des Regenwassers, zugleich eine natürliche Düngung. Regen wäscht die Luft aus, enthält daher chemische Spurenstoffe, besonders Stickstoffverbindungen. Wegen des geringen Kalkgehaltes ist Regenwasser besonders weich, oder nichtverschmutzter Regen enthält lediglich etwas Kohlensäure und ist daher leicht sauer.«
Im »Handbuch der Ernährung der gärtnerischen Kulturpflanzen« von Becker-Dillingen heißt es noch Anfang der vierziger Jahre: »Regenwasser ist ziemlich neutral, wenn es durch die Auffangflächen nicht zu sauer verunreinigt worden ist. Es nimmt im Stehen viel Luft auf; außer Luft bringt es einige Ammoniakverbindungen, Staubteilchen und gelegentlich anhaftende Bakterien mit, Mineralstoffe

fehlen. Zum Gießen ist es besser als fast alle Brunnenwässer.«

Aber dreißig Jahre später ist in »Neues großes Gartenlexikon«, herausgegeben von Siebeneicher, 1. Auflage 1973, zu lesen: »Regenwasser ist vorteilhafter als Leitungswasser, weil ungefähr luftwarm, sauerstoffreich und weich. In Ballungs- und Industriegebieten kann die Qualität gemindert sein. Unter anderem durch Schwefeldioxid: es wird angesäuert; oder durch Kalk- und Zementstaub: es wird hart. pH-Probe mit Indikatorpapier machen. Erstes Regenwasser nach Trockenperioden, das über Dächer abläuft, gegebenenfalls nicht verwenden.«

Welche Lehren sind aus diesen Zitaten zu ziehen? Reines Wasser ist neutral mit pH-Wert 7. Unverschmutztes Regenwasser enthält lediglich etwas Kohlensäure und ist daher leicht sauer – pH-Wert 5,6. Im Laufe der letzten Jahrzehnte hat sich die Qualität jedoch verschlechtert.

Wir haben die Veränderung über mehr als zehn Jahre beobachtet und können feststellen: 1984 enthält Regenwasser zunehmend Schwefeldioxid und Stickoxide; das ergibt sauren Regen, in Mitteleuropa mit einem pH-Wert von durchschnittlich 4,5, stellenweise sogar 4,1.

Saurer Regen

Am 23. Juni 1973 morgens – wie ich in unserem Tagebuch nachlesen kann – rauschten die Bäche, und der Regenmesser zeigte nach 24stündigem Regen 80 mm. Nach größeren Niederschlägen füllten wir das begehrte weiche Wasser oft in Flaschen ab, filtrierten es und nahmen eine genaue pH-Messung vor. Das Filter Nr. X3 ergab eine starke Verschmutzung, und der pH-Wert war 5. Das war außergewöhnlich und zunächst verwunderlich. Eine Messung am 11. August 1973 nach einem Gewitterregen ergab einen pH-Wert von 5,3 – ohne besondere Verunreinigung.

Weitere, besonders genau ausgeführte Messungen ergaben einen pH-Wert von 5. Zehn Jahre später aber lagen die Werte noch etwas niedriger: 33 Messungen von Januar bis Dezember 1984 ergaben immer Werte zwischen pH 4,5 und 5.

Wenn ich nun den Blick zwischen den Waldbäumen und den Gemüsepflanzen unserer Hochbeete hin und her schweifen lasse, dann sage ich mir: Über den Waldbaum vom Sämling bis zum hundertjährigen Riesen und über die ein-, höchstens zweijährigen Gemüsepflanzen fällt der gleiche Regen, über beide bläst der gleiche Wind dahin, der Stäube verschiedenster Art mit sich führt. Entscheidend ist also die Zeitspanne, in der die Pflanzen beider Bereiche dem Wind- und Wettergeschehen ausgesetzt sind. Wald, Wiese, Acker und Garten sind von ihrem jeweiligen Bewuchs her den Einflüssen unterschiedlich ausgesetzt. Seit 1980 ungefähr erregt das Schlagwort vom Waldsterben Aufsehen, kaum ein Tag vergeht ohne alarmierende Meldungen in Zeitung, Rundfunk oder Fernsehen.

Gefahren durch Schwermetalle

Wie aber steht es mit Acker und Garten? In allen Industrieländern werden Überschüsse an Acker- und Gartenfrüchten erzeugt. Wer kann da von Acker- und Gartenschädigung reden? Und doch ist heimlich, still und leise nach dem Ruf: »Waldsterben« auch noch der: »Boden in Gefahr!« aufgekommen. Im Lauf der Jahre haben sich in den Industrieländern viele Böden, also auch Gartenböden, mit Schwermetallen angereichert. Diese sind zunächst nicht schädlich, solange die Pflanzen diese nicht wurzellöslichen Elemente nicht aufnehmen. Sobald sich aber durch sauren Regen im Boden Säuren bilden, entstehen chemische Verbindungen mit Schwermetallen, die die Pflanzenwurzeln aufnehmen und so die Pflanzen und damit auch Tier und Mensch schädigen. Besonders gefährlich sind beispielsweise Cadmiumverbindungen. Dieses bei vielen industriellen Prozessen frei werdende Schwermetall sammelt sich im Körper an und führt bei Gehalten ab 0,2 mg je g Nierenrinde (Frischgewicht) zu Schäden.

Was ist zu tun? Im Gartenbau unter Glas und Folie wird der saure Regen abgehalten, die Wasserqualität kann gesteuert werden. Das ginge notfalls auch beim Hochbeet, man könnte es vor starken Niederschlägen mit einer Plane abdecken und das Wasser ableiten. Wir beispielsweise könnten das Regenwasser durch Teichwasser mit pH 6,5 ersetzen. Beim Hochbeet aber kann man von vornherein vorbeugen und den zur Auffüllung des Beetes zu verwendenden Boden auf Schwermetallgehalte untersuchen lassen. Die Kosten dafür sind erträglich – siehe Nachweis von Untersuchungsanstalten Seite 113.

Den Einfluß von Emittenten jeglicher Art allerdings kann man für Nutzpflanzen nicht auf ein erträgliches Maß reduzieren, solange nicht durch dringend notwendige Gegenmaßnahmen die Luftverunreinigungen entscheidend herabgesetzt werden.

Gemüsearten im Hochbeet – Kulturanweisungen

Salate

Kopfsalat
Jahreszeitlich gut anpassungsfähig ist beispielsweise ›Kagraner Sommer‹, er verträgt Sommerhitze und schießt nicht gleich, verträgt aber auch Herbstkühle. Im Hochbeet löst er ›Eichenblatt‹ (siehe Schnittsalat) ab und ist Vorläufer des Endiviensalates, paßt also genau wie diese beiden Salate an die gleichen Pflanzstellen und überhaupt in Lücken. In der Regel wird er direkt gesät; als »Lückenfüller« kann er bei Bedarf aber auch umgepflanzt werden. – Wer sehr reschen Salat liebt, nimmt hier Krachsalat – eine Sorte wie ›Laibacher Eis‹.

Schnitt- oder Pflücksalat
Von den bekannten, beliebten Sorten wie ›Amerikanischer brauner‹ oder ›Früher gelber Butter‹ bin ich abge-

kommen, seit es die Kreuzung zwischen Kopf- und Schnittsalat ›Eichenblatt‹ gibt. Er paßt in alle Reihen, die später für Kohlarten oder rote Rüben bestimmt sind. ›Eichenblatt‹ kann im Gegensatz zu den ursprünglichen Schnitt- und Pflücksalatsorten auch umgepflanzt werden. Aus reihenweise gesätem ›Eichenblatt‹ schneidet man ihn an den für Kohlpflanzen gebrauchten Stellen tief im Boden ab, läßt aber einzelne Exemplare stehen, die dann zarte, lockere Köpfe bilden. Als direkt gesäter, nicht verpflanzter Salat hat er doppelte Wuchskraft.

Zichoriensalat

Außer den Treibsorten wie ›Brüsseler Witloof‹ gibt es hier den ›Zuckerhut‹, der im Hochbeet gut nach Kohlrabi oder frühen Karotten steht. Im Spätherbst wird er geerntet, die Umblätter werden abgenommen, die Köpfe in Papier eingewickelt und in Eimer gestellt. So hält er sich bis zum Frühjahr.

Endiviensalat

Er wird zur gleichen Zeit wie ›Zuckerhut‹ ausgepflanzt, also ab Juni/Juli. Bewährt haben sich bei Kultur im Hochbeet frost- und nässefeste Sorten mit »feingekraustem, dichtgefülltem grünem Herz«. Die Pflanzen passen überall hin, wo Stellen frei geworden sind. Geerntet und aufbewahrt wird Endiviensalat wie oben beim ›Zuckerhut‹ beschrieben.

Winterpostelein

Mein Lieblingssalat unter den Wintersalaten ist der Winterpostelein oder Kubaspinat *(Claytonia perfoliata)* geworden. Er ist noch nicht überall im Samenhandel zu bekommen. Er verträgt alle Kältegrade und richtet sich frisch wieder auf. Ich säe ihn im Herbst ins Folienhaus, dort wird er im Winter geschnitten und wächst sehr gut wieder nach. Er kann auch wie Spinat zubereitet werden.

Feldsalat

In schneereichen Lagen sollte er ebenso, wie eben beim Winterpostelein gesagt, im Folienhaus angebaut werden.

Wurzelgemüse

Karotten, Mohrrüben

Der erste Samen, der zu Beginn des Gartenjahres ins Beet kommt, sind immer früheste Karotten, bei mir ›Amsterdamer Treib‹. Sobald der Schnee weg ist, wird gesät. Ich mische den Samen mit weißem Sand, dann kann ich die besäte Reihe besser erkennen. Einmal wurde ich beim Säen durch Schneefall überrascht, und ich mußte tagelang warten. Der Samen oder genauer die Samen-Sand-Mischung war angefeuchtet worden. Ich stellte sie warm, hielt sie weiter feucht und rührte um. Nach acht Tagen waren die weißen Keime deutlich erkennbar. Es wurde dann ausgesät, und es dauerte nur noch einige Tage, bis die grünen Köpfchen erschienen, während früher ausgesäter Samen erst 14 Tage später kam. Jetzt behandle ich Karottensamen immer so. Auf diese

Weise wird die Reihe früher für ein anderes Gemüse frei, also beispielsweise einen Spätkohlrabi. (Dasselbe Verfahren des Vorkeimens dürfte sich auch bei der schwer aufgehenden Wurzelpetersilie bewähren. Als Markiersaat immer Radieschen.)

Pastinaken
Ihr Kraut kann 50 cm hoch werden, so daß es beispielsweise benachbarte Kohlrabi zu stark beschattet. Pastinaken gehören also immer in die Nachbarschaft niedrig bleibender Arten, wie Salaten, oder an die Nordseite eines Hochbeetes. Die Wurzeln erreichen bis 25 cm Länge, zum Teil handgelenkstark. Die Pflanzen müssen auf recht weiten Stand vereinzelt werden. Die Wurzeln lassen sich bestens lagern, auch ohne sie einzusanden; gleich gut und fast so lange wie Rote Rüben. Wegen ihres milden Geschmackes eignen sich Pastinaken als Rohgemüse gut zum Mischen mit kräftig schmeckenden Gemüsen, zum Beispiel mit Sauerkraut.

Sellerie
Sellerie bekommt die beste Düngung, d. h., er kommt an die Stelle bzw. in das Beet, das den meisten Kompost erhalten hat – siehe Seite 23. Beim Abharken der Beete im Frühjahr bleibt immer etwas grober Kompost, den ich in der Regel zurückbringe auf den Sammelhaufen. Nun bestand aber einmal Kompostknappheit. Warum den groben Kompost nicht gleich dem Sellerie geben? Also zog ich eine Rille, gab diesen Grobkompost hinein, deckte mit dem vorher weggezogenen Boden wieder ab und säte sofort Spinat ein. Beim Freimachen der Pflanzstellen für den Sellerie kam ich gegen den Spinat kaum an. Die Sellerieknollen wurden riesig – siehe Foto Seite 55. Bei wechselweiser Pflanzung mit Porree in der Reihe 50 cm Mindestabstand von Art zu Art bzw. 25 cm von Pflanze zu Pflanze unbedingt einhalten! Einige cm mehr sind eher gut. Beim Sellerie auch im fortgeschrittenen Wachstumszustand keine Blätter abreißen, die Knolle braucht sie zur Weiterentwicklung! (Sellerie mit dem Blattansatz hoch pflanzen, Porree aber sehr tief.)

Rote Rübe
Wer für die Rote Rübe keine Reihe erübrigen möchte, kann wie folgt vorgehen: Im Mai, nicht zu spät, mit der Samentüte duch die Beete gehen und an freien Stellen ein paar Samen eindrücken, wo die Pflanzen bis zum Herbst stehen können, denn sie brauchen eine lange Entwicklungszeit, damit sich haltbare Qualitäten ausbilden können. Man läßt jeweils die beste Pflanze stehen und erntet kleine Rübchen vorweg. Als Lagergemüse hält sich die Rote Rübe bis in den Sommer hinein; auch dann fault sie nie, sondern welkt nur.

Kohlrübe
Die durch die Hungerzeit des »Steckrübenwinters« im Ersten Weltkrieg zu Unrecht in Verruf geratene Kohlrübe steht beispielsweise gut zwischen Rosenkohl; beide haben eine

lange Wachstumszeit und sind praktisch winterhart. Kohlrüben mit Sauerkraut gemischt sind ein schmackhaftes Salatgericht im Winter.

Radieschen, Rettich
Beide Arten eignen sich in frühen Sorten als Mischpartner mit Karotten. Späte Rettiche gehen gut nach frühen Salaten, Frühkohl und Erbsen.

Schwarzwurzel
Sie verlangt tiefgründigen Boden. Im Hochbeet ist sie ein Problem, wenn im Kampf gegen Wühlmäuse in 30 cm Tiefe ein Draht eingelegt wurde; die Wurzel wird länger, beim Ernten würde sie dann oft verletzt, weil sie durch den Draht wächst.

Kartoffel
Kartoffeln als Wurzelgemüse? Das Foto Seite 54 zeigt die Ernte. Hier die »Geschichte« dazu. Beim Aufbringen von Kompost hatte sich im Herbst eine Kartoffel eingeschlichen. Sie ging dann im Frühjahr in der Karottenreihe auf. Ausreißen? Nach einer Woche zeigten sich weitere Triebe. Sie wuchsen so stark, daß ich sie an einen Stock binden mußte, damit sie sich nicht auf die Karotten legen konnten. Im August griff ich unter die Folie und traf auf eine Kartoffel. Sie wog 400 g. Da das Kraut noch grün war, wartete ich mit der Ernte bis Anfang September: 7 Kilo, 22 Kartoffeln, die größte wog 650 Gramm.
Im Jahr darauf legte ich sechs Kartoffeln an der Westecke eines Hochbeetes, mit 30 cm Abstand, etwa 15 cm tief unter geschlitzter Folie. Die Ernte betrug etwa 4 kg je Saatkartoffel, zusammen rund 25 kg – siehe Foto Seite 54.

Kohlgemüse

Weiß- und Rotkohl
Beide Arten stehen als »Fresser« auf gut mit Kompost versorgtem Beet bzw. in entsprechenden Reihen. Wenn das Beet lang genug ist, kann man es auch der Länge nach für Stark- und Schwachzehrer teilen. Beide Kohlarten kommen an die Nordseite, mit Abständen von mindestens 60 cm, mit Zwischenpflanzung früh räumender Arten in der Reihe: beispielsweise Kohlrabi oder Salate, die sowieso zuvor in der Reihe stehen und bei Platzbedarf abgeerntet werden oder auch – wenn Platz genug ist – noch stehen bleiben. Ausreichend lange kultivierte Köpfe sind bestens haltbar, am besten mit der Wurzel im kühlen Keller gelagert.
Beide Kohlarten können auch in der Reihe mit frühem Wirsing gemischt werden; er gibt den Platz dann frei, so daß noch Wintersalat (›Zuckerhut‹ z. B., siehe Seite 49) gepflanzt werden kann.

Blumenkohl
Viele Jahre hindurch habe ich wunderbaren Blumenkohl geerntet – siehe Bildtafel Seite 56. Dennoch bin ich etwas mehr zum Brokkoli übergegangen, denn Blumenkohl muß in kürzester Zeit schnell geerntet werden, sonst schießt er schnell. Dann bleibt

unter Umständen nur Einfrieren oder Verschenken (vergleiche Brokkoli, unten). Bei frühem Blumenkohl (nicht bei spätem!) gab es oftmals zerfressene Würzelchen. Um dem Übel abzuhelfen, umwickelte ich die Pflanzen am Wurzelhals nach dem Setzen mit Schafwolle – und nicht zuwenig! Dadurch sind die Eier der Kohlfliege offenbar nicht mehr mit der Wurzel in Berührung gekommen. Das hört sich schwierig an, ist aber leicht durchführbar. Später Blumenkohl ist günstiger, weil gesünder. Er kann auf einem Beet unter Plexiglas – siehe Zeichnung Seite 27 oben – vorgezogen und dann ausgepflanzt werden.

Brokkoli
Eine Gemüseart für die Nordseite des Beetes, denn sie wird groß und stark. Also 50–60 cm Abstand! Dazwischen in der Reihe Salat und Kohlrabi. Wenn man die Hauptrose geerntet hat, wachsen aus den Blattachseln neue Rosen schnell nach; man kann über viele Wochen ernten. Brokkoli ist vitaminreicher als Blumenkohl. Auch haben sich in meinem Garten am Brokkoli bis jetzt noch keine Kohlfliegen niedergelassen, um ihre Eier abzulegen.

Spitzkohl
Zu den außergewöhnlichen im Hochbeet erzielten Ernten gehört der Spitzkohl, den Frau W. (siehe Briefe im Anhang) erntete: mit einem Gewicht von 8,4 kg. Er ist nach meiner Erfahrung allerdings auch die Kohlart, die die höchsten Ansprüche an

Seite 53

Auf dem Grundstück in Hanglage, in 850 m Höhe, mit überwiegend Wald und Wiese, fand sich kein zur Anlage eines ertragreichen Gemüsegartens geeigneter Platz. Hochbeete erst brachten gute, ja hohe und gesunde Erträge – siehe »Garten im Gebirge«, Seite 10 und Foto Seite 17.

Seite 54

Oben links: Mohrrüben werden in mehreren Sorten angebaut, beginnend mit frühesten Karotten, ausgesät sobald der Schnee weg ist.
Oben rechts: Rettiche eignen sich in frühen Sorten als Mischpartner zu Karotten.
Unten: Kartoffeln werden im Hochbeet als »Wurzelgemüse« angebaut, auch in selten gewordenen Sorten, hier einer roten Sorte.
Unten rechts: Ausschnitte aus der Ernte von 25 kg mit 4 kg je Saatkartoffel – siehe Seite 51.

Seite 55

Verschiedene Gemüse
Oben links: Lauch bringt im Hochbeet Supererntgen, wenn richtig benachbart und gepflanzt ist – siehe Seite 58.
Oben rechts: Kopfsalat, Ausschnitt aus dichtem Bestand.
Unten links: Zwiebeln, immer aus Steckzwiebeln gezogen, gedeihen an vielen Stellen im Hochbeet, ausgenommen benachbart mit Knollengewächsen und Hülsenfrüchten.
Unten rechts: Sellerie braucht viel Kompost und bringt dann gesunde Knollen. Mit Blattansatz hoch pflanzen (siehe Seite 50)!

Seite 56

Kohlgemüse.
Oben links: Rosenkohl bringt im Hochbeet große Ernten, weil er auch in der Spätphase noch genügend Wärme bekommt.
Oben rechts: Kohlrabi, blauer ›Roggli‹.
Mitte links: Der winterharte Grünkohl steht gut neben späten Mohrrüben.
Mitte rechts: Brokkoli hat einige Vorzüge gegenüber Blumenkohl, siehe Seite 52.
Unten links: Später Blumenkohl bewährt sich besonders gut.
Unten rechts: Weißkohl bringt im gut mit Kompost versorgten Hochbeet große, feste Köpfe.

Boden und Pflanzweise stellt: mindestens 1 m Abstand von Pflanze zu Pflanze. Setzt man ihn an die Kante eines Hochbeetes, kann man den Weg möglicherweise später nicht mehr benutzen. Spitzkohl eignet sich für frische Salate ebensogut wie für Sauerkraut.

Sprossenkohl (Rosenkohl)
Er beansprucht den Boden wie der Spitzkohl, braucht für die Einzelpflanze aber weniger Platz als dieser. Man pflanzt ihn am günstigsten an eine Nordseite, weil er hoch wird, und zwar im Freiland vorgezogene Jungpflanzen. Für die Kultur im Hochbeet ist er offenbar besonders geeignet, weil er dort auch in der späten Wachstumsphase noch genügend Wärme bekommt. Dann bringt er große Ernten. Die vielen festen Röschen – s. Foto Seite 56 – werden den Winter über nach und nach geerntet.

Grünkohl
Er ist anspruchslos, winterhart, kann also draußen überwintern. Er steht beispielsweise gut neben späten Karotten – siehe Zeichnung Seite 13. Die Folie wird dann doppelt genommen, d.h. gefaltet bzw. das Brett an die Karotten geschoben; so entsteht eine unkrautfreie Pflanzreihe für den Grünkohl. In der eben genannten Zeichnung stehen im Süden Erbsen, Salat und Erdbeeren. Erbsen und Salat sind inzwischen geerntet; es ergeben sich weitere Pflanzstellen für den Grünkohl, auch zwischen den Erdbeeren.

Kohlrabi

Beim Gartenfreund ist Kohlrabi eine der beliebtesten Gemüsearten, weil er ihn selbst anziehen (siehe auch Seite 36) und sehr früh auspflanzen kann. ›Roggli‹ beispielsweise verträgt bis zu minus 6°.

Ich pflanze immer drei Stück zusammen, als Dreier-Gruppen im Abstand von 50 bis 60 cm; zwei davon ernte ich als ganz zartes Rohgemüse, der dritte Kohlrabi bildet eine große Knolle. Dazwischen pflanze ich, sobald die Fröste vorüber sind, also nach den »Eisheiligen«, Salate und Brokkoli.

An Frühkohlrabi allerdings legt die Kohlfliege mit Vorliebe ihre Eier, deshalb den Wurzelhals mit Wolle umwickeln, wie auf Seite 52 beim Blumenkohl beschrieben. Späte Sorten wie ›Riesenkohlrabi‹ dagegen sind weniger gefährdet. Er braucht aber viel Platz, wird bis zu 1 m breit, bildet eine große, zarte Knolle. Spätsorten können deshalb nur einzeln gepflanzt werden, nicht gruppenweise. Für das Hochbeet sind sie eigentlich zu groß.

Hülsenfrüchte

Erbsen

Sie machen im Hochbeet keine Arbeit, weil sie an der Südwand herunterranken können. Geeignet sind sowohl die Markerbsen als auch die Zuckererbsen oder Kefen, die als Frühgemüse mit der zartbleibenden Hülse gegessen werden. Als Markerbse ist bei mir langjährig bewährt ›Wunder von Kelvedon‹. Nicht zu lang wachsende Sorten, sonst überwachsen sie die Wege!

Buschbohnen

Auf keinen Fall zu früh aussäen! Nicht vor Mitte Mai. Im Beispielsbeet Seite 13 könnte man jeweils einige Körner neben dem Salat oder nach der Ernte des Salates legen, auch nach den frühen Erbsen, d. h. nach Abschneiden des Erbsenkrautes. Das Kraut niemals ausreißen, damit der Stickstoff der Wurzelknöllchen im Boden wirken kann. Bohnen werden bei der üblichen Beetkultur angehäufelt. Im Hochbeet kann man wegen der Bedeckung mit Folien oder Brettern aber nicht häufeln. Zum Pflanzen legt man in ein etwa 10 cm tiefes Loch 3 bis 5 Bohnen und deckt mit nur ganz wenig Erde ab. Zur Häufelzeit wird das Loch dann mit Erde gefüllt. So haben die Bohnen »warme Füße«, was sie ja besonders gern haben.

Stangenbohnen

Sie gehören an biegbare Metallstangen in Bögen – siehe Seite 37 – an die Nordseite des Gartens bzw. an das nördlichste Beet des Gartens. Da kann man die pflückreifen Bohnen zu jeder Zeit bequem ernten. An Holzstangen wachsen sie zu hoch.

Zwiebelgemüse

Porree, Lauch

Mit dem unten dicken Pflanzholz ein tiefes, etwa 20 cm tiefes Loch machen, dann die Pflanze, deren Wurzel stark gekürzt wurde, einhängen und nur die Wurzel, nicht den Schaft, mit wenig Erde andrücken. Nicht angießen, es sei denn ganz vorsichtig im Wurzelbereich. Auf keinen Fall das Loch sofort zuscharren, sondern einen Schacht lassen, denn die Pflanze braucht Luft zur Weiterentwicklung. Das Loch schließt sich dann ganz von selbst.

Porree steht am günstigsten abwechselnd mit Sellerie (siehe Seite 50) und zwar nach Spinat, wobei einzelne Spinatpflanzen als Beisaat zunächst stehen bleiben können. So kultiviert bringt Porree im Hochbeet immer eine Supererente.

Zwiebel

Zwiebeln baue ich im Hochbeet nur aus Steckzwiebeln zusammen mit der Karottenaussaat in der Karottenreihe, aus ganz flach gesteckten Zwiebelchen; sie sollen mit dem Kopf mit der Erde abschließen.

Auch in Salatreihen kann man Zwiebeln stecken. Nach Abernten des Salates Rote Rüben an die Stelle säen oder pflanzen.

Es gibt viele neutrale Plätze, wo man noch Zwiebeln stecken kann. Es bleibt immer eine Handvoll Steckzwiebeln übrig. Man schaue in den Pflanzplan und bringe sie danach unter. Es genügt das kleinste Plätzchen, um dort noch eine dicke Zwiebel zu ernten. Aber nie zu Knollengewächsen, Erbsen und Bohnen!

Als gelbe Sorte ist überragend bewährt ›Stuttgarter Riesen‹, als rote Sorte ›Wiener Rote‹. Beide sind gut lagerfähig, wenn wirklich trocken geerntet. Sie müssen stehen, bis das Laub, braun geworden, abgereift ist. Um so haltbarer sind sie für den Winter.

Winterheckenzwiebel

Um im Frühjahr frisches Zwiebellaub zu bekommen, habe ich einmal an der Seite eines Hochbeetes zwei Winterheckenzwiebeln gesteckt. Sie haben sich zu einem Busch entwickelt, von dem ich ständig Zwiebellauch ernten kann. Sie treibt immer neu nach und ist zudem im Hochsommer schmückender Blumenstock mit dicken weißen Blütenkugeln. Wird der Busch zu groß, kann man die sich bildenden Brutzwiebeln mitsamt dem grünen Laub ernten.

Schnittlauch

Er steht am besten in Küchennähe, zusammen mit einjährigen Kräutern wie Basilikum, Bohnenkraut, Kerbel und Majoran, das heißt allen Kräutern, die täglich frisch gebraucht werden. Alle anderen nicht täglich benötigten Kräuter, wie Kamille und Pfefferminze für Tee oder Liebstöckel und Thymian als Küchengewürze, stehen zusammen in Kübeln, einem Beet oder verteilt zu Blütenstauden.

Fruchtgemüse

Tomate

Zur Pflanzzeit, nach den Eisheiligen, Tomatenpflanzen zu kaufen und in 850 m Höhe zum Ertrag zu bringen, macht auf die Dauer zuviel Arbeit:

auspflanzen, hochbinden, nachts mit Folienbeuteln gegen die Kälte schützen, dann entgeizen, wieder hochbinden, einige rote Tomaten ernten und dann vor Einbruch der Kälte die verbliebenen grünen Früchte, mit dem Kraut in Papier eingewickelt, in einem warmen Raum nachreifen lassen – das wollte ich nicht mehr. Jahrelang verzichtete ich auf Tomaten, bis mit dem Folienhaus ein neues »Tomaten-Zeitalter« begann.

Jungpflanzenanzucht Ein Gartenfreund riet zur ›Rentita‹, weil »niedrig und sehr früh«. Ich kaufte Samen und zog die Jungpflanzen selbst an, aber auf eine zeitsparende Art, die die Pflanzen beim Pikieren nicht im Wachstum hindert. In Plastikbeutel schnitt ich unten Schlitze, füllte wenig Erde ein, rollte die Beutel oben ein und schob sie in einem Blumenkasten ganz eng zusammen. Da hinein wurden die Sämlinge pikiert. Sowie sie etwas größer waren, wurde immer etwas Erde nachgeschüttet und die Beutel auseinandergezogen. Was dann keinen Platz mehr hatte, kam in den nächsten Kasten. Siehe Fotos Seite 32.

Kultur in Folienhaus und Freiland
Im Folienhaus ausgepflanzt, braucht man ›Rentita‹ nicht zu entgeizen. Die Pflanzen haben auch an den Seitentrieben an der Spitze einen Fruchtstand und sagen dann selbst: Jetzt ist es genug. Als ich schließlich Hochbeete aus Stein mit recht hoch gebauter Südwand zum Herabranken von Erbsen hatte, versuchte ich es nochmals mit Tomaten im Freiland. Die Sonnenwand bewährte sich auch bei ›Rentita‹ – siehe Foto Seite 92. Tomaten stelle ich beim Pflanzen nicht in die Erde, sondern lege sie, bedecke die Wurzeln nicht zu tief mit Erde und lege noch Folie (in lebensmittelgerechter Qualität!) auf.

Sondergemüse

Grünspargel
Er gehört immer an die Nordseite, weil das Kraut Schatten wirft. Notfalls geht hinter Grünspargel noch eine Reihe Buschbohnen; die halten den Schatten aus.
Man braucht nicht drei Jahre zu war-

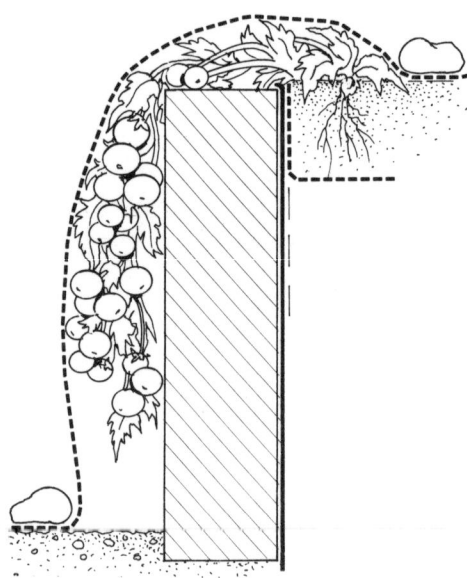

Am Südrand von Hochbeeten herabrankende Erdbeeren und empfindliche Fruchtgemüse wie Tomaten, Paprika oder Zucchini können so, wenn nötig, durch Folie geschützt werden.

ten, bis man ernten kann. Ich habe nach dem ersten Jahr schon geerntet, aber nur sparsam, und am 20. Juni nach Vorschrift aufgehört.

Erdbeeren

Sie stehen immer an der Südseite, weil sie niedrig bleiben und über die Wand hinunterranken können. Am besten als Gruppe von drei Pflanzen zusammen mit 50 cm Abstand je Gruppe. Entscheidend für den andauernden Kulturerfolg ist die Anzucht guter Jungpflanzen.

<u>Jungpflanzenanzucht</u> Von herunterhängenden Trieben kann man Jungpflanzen anziehen, indem man sie im Hochbeet in Töpfe setzt, so daß sich Wurzelballen bilden, solange sie noch mit der Mutterpflanze verbunden sind. Die Jungpflanze erst nach kräftiger Bewurzelung von der Mutterpflanze trennen und in das neue Beet auspflanzen. Erdbeeren sind nicht mit sich selbst verträglich, man wechselt also das Beet. Da beim Hochbeet dank starker Kompostgaben die Erde weitgehend erneuert wird, kann man von dieser Regel zumindest versuchsweise abgehen. Weil ich mit der Sorte wechseln wollte, habe ich im letzten Frühjahr eine alte Reihe aufgelassen, die sechs Jahre alt war. Die Pflanzen waren groß und kräftig und hatten über einer langen, dicken Pfahlwurzel einen starken Wurzelballen.

<u>Einmal oder immertragende Sorten?</u> Ertragreicher sind die einmal tragenden, d.h. Ende Juni/Juli reifenden Sorten. Sie müssen aber entrankt und nach der Ernte gesäubert werden. Immertragende, d.h. den Sommer über bis zum frühen Herbst tragende Sorten brauchen nicht entrankt zu werden.
Weil mich das Abranken bei den Erdbeeren immer störte, ging ich zu der immertragenden ›Ostara‹ über. Diese Kreuzung aus ›Red Gauntlet‹ und ›Macherauchs Dauerernte‹ (Züchter IVT, Wageningen, Holland, geschützte Sorte) reift im Sommer früh und im Herbst mittelfrüh, bringt mittelgroße säuerlich-aromatische Früchte und ist nicht mehltauanfällig.

Das Hochbeet – gärtnerische Einrichtung und Methode

Örtliche Lage

Die Planung der Beete

Wer die Lage seines Gartens noch wählen oder verändern kann, sollte eine möglichst offene, der vollen Sonnenbestrahlung ausgesetzte Lage bevorzugen. In der Nähe stehende Gebäude, Zäune, Hecken oder Bäume dürfen selbst bei tief stehender Sonne die Beete nicht beschatten, eine Forderung, die nicht immer zu erfüllen sein wird. Werden mehrere Beete errichtet, darf allerdings eines im Halbschatten liegen, wenn auch schattenverträgliche Blumen oder Gemüsearten geplant sind.

Ein ausreichend befestigter und bei jeder Witterung gut begehbarer Weg vom Wohnhaus zum Garten ist immer zweckmäßig, ja notwendig. Bei der Anlage des Hausgartens bzw. der Hochbeete ist auch an die Wasserversorgung zu denken. In die Erde verlegte Rohrleitungen, im Winter vom Haus aus absperr- und entleerbar, sind wohl am geeignetsten.

Über die Größe eines Hausgartens bzw. der für Gemüse und Obst genutzten Fläche, gehen die Meinungen auseinander. Sie hängt auch von den Verzehrgewohnheiten im Hinblick auf das Gemüse wie auch von der zur Verfügung stehenden Zeit für die Pflege ab. Im allgemeinen werden Anbauflächen zwischen 15 und 25 m^2 pro zu versorgende Person angenommen. Hochbeete haben meist Ausmaße von 1,20 mal 5,0 bis 8,0 m, also 6 bis 10 m^2.

Nach allen Regeln der Kunst errichtete und bebaute Hochbeete bringen den doppelten Ertrag wie sonstige Beete, so daß 10 m^2 Hochbeet zur Gemüseversorgung einer Person ausreichen. Nur so intensiv genutzte Hochbeete lohnen aber auch die unvermeidliche Investition.

Bei bestehenden »Flachbeeten« wird die Umstellung auf Hochbeete schrittweise vorgenommen, vielleicht jährlich ein bis zwei Beete. Die Herbstmonate sind dabei günstiger, damit das Beet den Winter über Zeit zum Setzen der Erde hat. Außerdem ist im Herbst eher Füllmaterial verfügbar. Die Längsrichtung der Beete sollte Ost – West verlaufen, damit eine leichte Neigung der Beetoberfläche nach Süden eine Südhanglage ergibt. Besonders zur Nutzung der ersten wärmenden Sonnenstrahlen im Frühjahr und der letzten im Herbst ist dies überaus wichtig. Die nordseitige Stützwand, aus welchem Material auch immer, ist somit 15–20 cm höher auszuführen, ähnlich wie beim altbekannten Mistbeetkasten.

Was die Höhenlage über dem Meeresspiegel (NN) betrifft, so gibt es hier keine Grenzen, soweit die übrigen klimatischen Umstände Gartenkultur noch zulassen bzw. übliche Hausgärten noch anzutreffen sind. Mit Hochbeeten kann die bisher natürliche Grenze jetzt eher überschritten werden. Es sind voll funktionsfähige Hochbeete auf über 1000 m Seehöhe bekannt. Die Vorteile des Hochbeetes kommen in Höhenlagen noch besser zum Tragen: dank der allseitigen Erwärmung des Wurzelraumes.

Natürlich ist die Errichtung von Hochbeeten auch auf Dachgärten, in Innenhöfen in den Städten oder auf terrassenähnlichen Plätzen bei Wohnanlagen in Erwägung zu ziehen. So läßt sich mit Hochbeeten auf ödem Stein in der Stadt Kulturboden schaffen – und so manchem Gartenfreund ein Refugium!

Ein Grundgedanke des Hochbeetes ist auch die Verbesserung des Bodens zur Anzucht und Kultur von Gemüse, Blumen oder Beerenobst, beispielsweise Erdbeeren. Viele Hausgärten stehen auf kargem Mutterboden, seien es nun anstehendes Gestein, undurchdringbarer Lehm, Sand- oder gar mächtige Schotterauflagen oder stauende Nässe, die eine anhaltende Bodenfruchtbarkeit weitestgehend verhindern. Und gerade im Hinblick auf die fortwährende Bodenfruchtbarkeit kann ein Hochbeet Wunder wirken!

Karger Mutterboden und schwierige, ja extreme Klimalagen waren der Anlaß, die Gartenbeete anzuheben, und erst später haben sich weitere Vorteile gezeigt, wie leichtere Bearbeitbarkeit, Schaffung eines optimalen Humusbodens durch ständige Kompostzugaben, gute Erwärmbarkeit des Kulturbodens, Ausnutzung von Geländeneigungen, Abstand von hochstehendem Grundwasser u.a.m.

Ein Mischanbau von Obst und Gemüse im Hausgarten sollte von vornherein nicht in Betracht gezogen werden. Der Gemüseanbau als Unterkultur zwischen Obstbäumen wird immer Minderträge bringen, da Gemüsepflanzen unter Licht-, Nährstoff- und auch Wassermangel leiden würden. Auch Pflanzenschutzarbeiten können schwer auf Gemüse- und Obstbau zugleich abgestimmt werden. Hochbeete gehören also nicht in den Obstgarten.

Die Kompoststätte

In unmittelbarer Nähe der Hochbeete soll auch die Kompoststätte liegen, um im Herbst beim Abräumen der Beete allzu weite Wege zu ersparen. Kompost ist für das Gärtnern auf Hochbeeten unumgänglich. Wie in einem späteren Kapitel noch beschrieben wird, ist eine Beschattung des Kompostplatzes, sei es auch nur mit einem Haselnuß- oder Holunderstrauch –, sehr zweckmäßig.

Ist bei extremen Windlagen kein Windschutz vorhanden, sollte er mit Obsthecken, Beerenobst- oder Zier-

sträuchern geschaffen werden. Ist nicht genügend Platz für solche Hekken, können auch Stangenbohnen oder Zuckermais als Windschutz dienen und so das erwünschte Kleinklima bilden. Windschutz wirkt sich auf den Kulturerfolg immer positiv aus.
Auswahl einiger Heckenpflanzen: Apfelrose, Berberitze, Eibe, Feldahorn, Hainbuche, Lebensbaum, Liguster, Rotfichte, Serbische Fichte. Zur Not gehen als Übergangslösung auch die oben genannten Einjährigen.
Ein wichtiger Grund, Hochbeete zu errichten, ist die damit erreichbare »Terrassierung« von Hanglagen. Dabei kann es sich auch um steilere Hänge handeln, auf denen die Anlage von normalen Grundbeeten schon wegen der Erdabtragung (Abschwemmung) unmöglich ist. Um diese extremen Lagen, wie sie oft bei Siedlungshäusern am Stadtrand vorkommen, zu nützen, muß die schon einmal erwähnte nordseitige Stützwand des Hochbeetes unter Umständen bis zu 60 cm höher sein als die südseitige (siehe Skizze Seite 70).

Errichtung eines Hochbeetes

Es geht im Prinzip darum, die Arbeitsfläche eines Kulturbeetes um rund 80 cm zu heben, die zu bearbeitende, zu besäende, zu bepflanzende und zu beerntende Erdoberfläche soweit anzuheben, daß wir uns nicht mehr bücken müssen, daß wir auf dem Rand des Beetes sitzen können –

Seite 65

Am Hochbeet kann man aufrecht stehend oder auch sitzend arbeiten. Hier ein Behinderter, ein Beinamputierter am Hochbeet. Selbst vom Rollstuhl aus kann man an Hochbeeten gärtnern.

Seite 66 und Seite 67

Das Folienhaus Seite 66 entstand aus der Überdachung zweier je 1,20 m breiter Flachbeete, wie auf den Seiten 27/28 beschrieben. Die Beete wurden erhöht, und das linke Beet wurde mit einer Stiege unterteilt. Sie ließen sich dennoch nur schwer bearbeiten. Auch war der zu große Luftraum nur schwer heizbar.

Das Haus wurde umgebaut und mit Hochbeeten ausgestattet, zur Anzucht von Jungpflanzen und zur Kultur von Fruchtgemüsen wie Tomaten und Paprika im Sommer und anschließend mit Wintersalaten wie Feldsalat und Winterpostelein. Dieses kleinere Haus läßt sich besser beheizen. Noppenfolien bieten zusätzlichen Wärmeschutz.

Seite 68

Mit Folien abgedeckter Kompost. Unter Folien kommt die Rotte besser in Gang, und der Kompost wird bei starken Niederschlägen durch Regen oder Schnee nicht durchnäßt. Regenwürmer, hier also Kompost- oder Mistwürmer (Eisenia foetida), entwickeln sich stark unter und sogar auf der Folie, wie auf Seite 40 beschrieben.

ohne Schmerzen, ohne Überanstrengung. Es gibt drei Möglichkeiten:
– das Beet erhöhen,
– die Wege herum vertiefen,
– beides je zur Hälfte.

Füllmaterial

Das nur erhöhte Beet erfordert Material, viel Material. Und nicht irgendeinen Boden, sondern besten Mutterboden, Humuserde, Ackererde. Woher nehmen? Die Beschaffung ist nicht einfach, aber doch möglich. Viele kleine Bauherren sind für eine geringe Nebeneinnahme dankbar und geben ihr wertvolles Gut beim Ausheben des Bauplatzes oder Kellers leichten Herzens ab, um dafür einige Ziegel finanzieren zu können. Man muß sich allerdings diese »Humuserde« sehr genau ansehen und beim Verladen und Abfahren von Beginn an nach Möglichkeit dabei sein.
Vielleicht läßt sich auch die bisherige Nutzung des Bodens noch feststellen, was vor allem die Anwendung von Pestiziden (Gesamtheit aller chemischen Pflanzenschutz- und Unkrautbekämpfungsmittel) betrifft. Pestizidreste können solche Erden für Jahre hinaus unbrauchbar machen.
Eine weitere Erdquelle erschließt sich beim Straßenbau, vor allem bei Neutrassierungen über Ackerland. Leider geht derartiges fruchtbares Land täglich hektarweise verloren – und unser Boden ist nicht vermehrbar!
Sehr brauchbar ist auch Abraumgut bei Ziegeleien. Lehmboden und Stallmist sind die zuverlässigsten Grund-

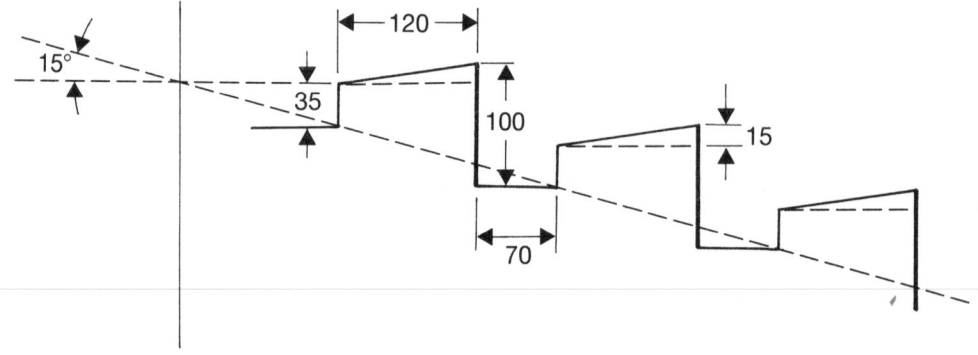

An einem Nordhang auf Süd gestellte Hochbeete, Maße in cm. Siehe auch das Praxisbeispiel im Anhang Seite 110.

lagen für die Dauerfruchtbarkeit zur Erzeugung hochwertigster Gemüse- oder Obsternten.

Bei ausgesprochenem Mangel an Füllmaterial können auch die Gehwege zwischen naheliegenden Hochbeeten in 20 bis 30 cm Tiefe ausgehoben werden. Das Aushubmaterial wird durch Hohlblocksteine ersetzt, mit den offenen Seiten gegeneinanderliegend. Durch diese Befestigung der Gehwege sind Hochbeete auch bei schlechter Witterung leichter erreichbar (siehe auch Fotos nach Seite 76).

Für ein 5 m langes und 1,20 m breites Hochbeet brauchen wir schlichte 3 bis 4 Raummeter (m^3) dieses kostbaren Gutes, 3000 bis 4000 Liter oder 300 bis 400 Eimer je 10 Liter!

Das Hochbeet mit Hilfe von Laub, frischem Grasschnitt oder sonstigen Pflanzenresten aufzufüllen, wie bei der Anlage von sogenannten Hügelbeeten üblich, ist nicht zu empfehlen. Die Rotte solcher Stoffe soll grundsätzlich auf dem Kompostplatz ablaufen.

Nach der Standortwahl des Beetes und dem Abstecken der Größe, 1,20 m Breite, 5 bis 10 m Länge, wobei es bei der Länge im Prinzip keine Begrenzungen gibt, wird zunächst die oberste Krume 8 bis 10 cm oder der Rasen in Soden abgeschält, abgenommen und beiseite gelegt. Die Soden (Rasenziegel) können bei der Kompostbereitung gute Verwertung finden; als Füllmaterial für das Beet sollen sie schon wegen der Drahtwurmgefahr (Larven der Schnellkäfer, *Elateridae*) nicht verwendet werden.

Handelt es sich aber um Erdkrume oder bisher genutzte Gartenerde, nimmt diese nach Fertigstellung des Hochbeetes wieder ihren Platz als oberste Schicht ein.

Weitere 30 bis 40 cm werden gut gelockert, nach Möglichkeit zwei Spaten tief, damit die Nährstoffe durch das Bodenleben allmählich aufgeschlossen werden und das Wurzelwachstum fördern. Dieser gelockerte Unterboden sollte auch – wenn notwendig – mit einer Vorratsgabe mineralischer Kalk-, Phosphat- und Kalidünger versehen werden.

Bodenuntersuchung, Ergänzungsdünger

Es wird daher zweckmäßig sein, diese Untergrunderde und das zur Befüllung verfügbare Ackererde-Komposterde-Gemisch einer Bodenanalyse zu unterziehen, um krassen Nährstoffmangel vorsichtig auszugleichen. Diese Bodenuntersuchungen führen alle landwirtschaftlich-chemischen Untersuchungsanstalten, Landwirtschaftskammern und gartenbaulichen Lehr- und Versuchsanstalten gegen mäßiges Entgelt durch. Eine Bevorratung vor allem mit Phosphor ist wichtig, weil dieser Nährstoff von den oberen Schichten festgehalten wird und später nicht mehr tiefer zu den Wurzelschichten gelangen kann. Die Düngeempfehlungen der Bodenuntersuchungsstellen sind zu befolgen. Man schrecke vor dieser Grunddüngung nicht zurück! Echte Mangelzustände können nur so behoben werden. Über eine ausschließliche Kompost-Humus-Düngung und leichte Nachdüngung mit organischem Dünger, wie sie bei der laufenden Bewirtschaftung des Hochbeetes dann ausschließlich erfolgen sollen, lassen sich Nährstoffe nur sehr langsam und kostspielig anreichern. Die Grunddünger werden einzeln oder gemischt gründlich in den zur Befüllung des Hochbeetes vorgesehenen Boden eingearbeitet.
Folgende in der biologischen Wirtschaftsweise üblichen bzw. zugelassenen Mineraldünger eignen sich zur Grund- oder Vorratsdüngung:

Phosphor (P) Thomasphosphat (Thomasmehl) 15% P_2O_5. Beim Thomasmehl handelt es sich um gemahlene Thomasschlacke, ein Abfallprodukt bei der Stahlgewinnung. Diese entsteht aus Kalksteinen, die beim Glühprozeß des Eisens zugesetzt werden. Thomasmehl ähnelt phosphorreichen Kalksteinmehl und enthält zudem eine Reihe von Spurenelementen, leider auch Cadmium. Das Phosphat des Thomasmehls ist praktisch nicht wasserlöslich und muß erst durch das Bodenleben pflanzenverfügbar gemacht werden. Aufwandmenge bis 200 g/m².
Hyperphosphat 29% P_2O_5. Wird aus Rohphosphaterden hergestellt, ist feinpulverig, wirkt nachhaltig und hat 15% Kalkanteil; enthält kein Cadmium. Aufwandmenge bis 50 g/m².

Kalium (K) Patentkali oder Kalimagnesia genannt (27–30% K_2O) ist ein Mischsalz aus schwefelsaurem Kalium und Magnesium, das an natürlichen Erdablagerungen vorkommt und meist untertage abgebaut wird. Es ist wasserlöslich und im Boden leicht verlagerbar.
Aufwandmenge bis 150 g/m².

Kalzium (Ca) Düngekalke sind an natürlichen Lagerstätten vorkommende Mergel-, Jura-, Dolomit- oder Algenkalke mit nachhaltiger Wirkung. Je nach Herkunft mit unterschiedlichen CaO-Gehalten. Aufwandmenge bis 200 g/m².

<u>Steinmehle</u> sind je nach Herkunft feinst vermahlenes Kalksteinmagnesium oder Silikatgestein (Granit- oder Basaltmehl). Steinmehle enthalten Kalium und größere Mengen von Silizium, das nachweislich die Phosphataufnahme durch die Pflanze fördert. Steinmehle sind reich an Spurenelementen, sichern eine gleichmäßige Zufuhr von Nährstoffen und haben eine anhaltende Wirkung.
Aufwandmenge bis 200 g/m².

Nach dieser Bevorratung mit mineralischen Düngemitteln und sorgfältiger Lockerung des Beetgrundes ist an die zweckmäßige Einfassung bzw. den Rahmen für das Hochbeet zu denken. Das Baumaterial kann sich nach den jeweils verfügbaren Materialien richten. Müssen sie zugekauft werden oder kann »Abfallmaterial« mitverwendet werden? Beides ist möglich.

Baustoff Holz

Rundholz aus Lärche (länger haltbar) oder Kiefer (Föhre), wie man es von Land- oder Forstwirten bzw. Sägewerken oder im Holzhandel beziehen kann. Diese Rundstangen haben in der Fachsprache folgende Bezeichnungen:
a) Waldstangen oder Behauholz: in Längen von 14 lfm aufwärts, in Stärken von 8 bis 18 cm Mittendurchmesser.
b) Betonstützen (Puntelli): in Längen von 2,50 lfm bis einschließlich 4 lfm. Übliche Zwischenlängen 2,80, 3,0 und 3,5 lfm. Für Hochbeete Holzstärken von 12 bis 14 cm Durchmesser wählen.
c) Grubenholz: in Längen von 2 bis 7 lfm, von 50 cm zu 50 cm steigend, in Stärken von 8 bis 18 cm Mittendurchmesser.
Diese vorgenannten schlanken Stangenhölzer fallen als ausgesprochenes Durchforstungssortiment an und sind in der Regel entrindet. Imprägnierung mit einem pflanzenverträglichen Imprägnierungsmittel ist für eine längere Haltbarkeit sehr zu empfehlen bzw. wirtschaftlich gesehen unerläßlich (siehe Seiten 74/75). Verschiedene biologisch einwandfreie Holzschutzmittel sind im Handel erhältlich. Diese Stangenhölzer werden für die Südwände 50 bis 60 cm, für die nordseitigen Wände bis 70 cm übereinandergelegt, an den Ecken im Kreuzverband, und mit 20–25 cm Rundeisen verankert.
Zur Stützung der Längswände ist es zweckmäßig, in Abständen von 80 bis 120 cm Wasserleitungsrohre (vielleicht gebraucht, verzinkt) mit 2 Zoll Durchmesser (4–5 cm Außendurchmesser) fest in den Boden einzulassen. Durch diese Verankerung erhält man die Möglichkeit, bei Bedarf später einen Folientunnel über dem Beet zu errichten. Die Tragbügel (Federstahlstäbe) für den Folientunnel können in diese Eisen- oder Zinkrohre eingeführt werden. Die nachträgliche Überdachung dient als zeitweiser Regen- oder Kälteschutz.

Holzart Ideal wäre Eiche, denn Eichenholz braucht nicht chemisch konserviert zu werden. Eiche ist aber teuer, es sei denn man verfügt über Eigenwald und darin auch über Eichen oder über entsprechende Beziehungen, oder man kann an Eichenaltholz herankommen. Alles seltene Fälle! Von den weiteren Hartholzarten ist Akazie bzw. Robinie weniger dauerhaft, auch verzieht es sich oftmals.

Von den Nadelhölzern sind Kiefer und Lärche als Rundhölzer nur aus Eigenwald oder direkt vom Waldbesitzer verfügbar, weil sie in den benötigten Stärken von 15 cm in der Regel nicht geschlagen werden. Beim Hochbeetbau werden so bezogene Nadelhölzer wechsellagig gegeneinander gelegt, so daß sich die Stärken ausgleichen. In Säge- und Imprägnierwerken werden sie maschinell zylindrisch gefräst.

Imprägnierungsmittel Rohe Rundhölzer, also in der Regel Fichte, halten zwei, drei Jahre, dann fangen sie an zu faulen. Der Bau eines Hochbeetes aber ist eine »Investition«, also sollte das Holz imprägniert werden. Die zahllosen, unter den verschiedensten Handelsnamen am Markt befindlichen hochgiftigen Mittel auf der Basis von PCP (Pentachlorphenol) oder Lindan (Gamma-Hexachlorcyclohexan) scheiden von vornherein aus. Die als Karbolineum gehandelten Steinkohlenteer-Öle kommen ebensowenig in Frage. Von den tausenden Einzelstoffen der Teeröle sind erst einige hundert, darunter hochgiftige, bekannt. Sie werden über Jahre vom Regen- oder Gießwasser ausgewaschen, verdampfen oder werden ausgeschwitzt. Das Bundesgesundheitsamt hat deshalb empfohlen, auf Kinderspielplätzen und in Gartenanlagen mit Steinkohlenteer-Ölen imprägnierte Eisenbahnschwellen vorsorglich nicht mehr zu verwenden. Besonders unter starker Sonneneinwirkung können noch nach Jahrzehnten giftige Stoffe frei werden.

Es bleiben somit als Holzschutzmittel für unseren Zweck nur Kupfer-, Chrom- oder Borsalze bzw. Gemische aus diesen Salzen übrig. In der Mischung ist Kupfer der Wirkstoff, während Chrom den Wirkstoff mit dem Holz verbindet. Diese »hochfixierenden« Salze müssen sechs Wochen austrocknen, dann sind sie fixiert, das heißt nicht mehr wasserlöslich, also durch Regen- oder Gießwasser nicht mehr auswaschbar. Der Vorgang der Fixierung ist mit dem Eintritt des Farbwechsels vom Gelb des noch feuchten zum Grün des trockenen Materials abgeschlossen.

Die Wirksamkeit solcher Salze wird durch folgende Prädikate bezeichnet: P = wirksam gegen Pilze, also gegen Fäulnis; Iv = vorbeugend wirksam gegen Insekten; W = geeignet auch für Holz, das der Witterung, nicht aber Erdkontakt ausgesetzt ist oder in Gewässern angewandt wird; E = auch für Holz, das Erdkontakt und fließendem Gewässer ausgesetzt ist. Einzelheiten über weitere Prüfzeichen für Holzschutzmittel enthält das jährlich erscheinende, vom Institut für Bautechnik Berlin herausgegebene Verzeichnis »Prüfzeichen für Holzschutzmittel« (Erich Schmidt Verlag, Genthiner Str. 30, 1000 Berlin 30).

Imprägnierungsverfahren Es sind industrielle und handwerkliche Verfahren zu unterscheiden. Die industrielle Kesseldruckimprägnierung beruht auf großtechnischen Anlagen mit Teileinrichtungen wie Kessel, Kompressor, Vakuumpumpe und Vakuumvorlage; mit diesen gelingt es, luftgetrocknete Hölzer je nach Holzart gezielt mit Salzgemischen wie den oben genannten so zu imprägnieren, daß die Wirkstoffe optimal tief eindringen und verteilt werden. Mitte der achtziger Jahre gab es allerdings noch nicht genügend Imprägnierwerke, die Rundhölzer in der für Hochbeete erforderlichen Qualität frachtgünstig liefern können. (In der Bundesrepublik Deutschland sind Imprägnierwerke in der Gütegemeinschaft »Kesseldruckimprägnierte Palisaden und Holzbauelemente für Garten-, Landschafts- und Spielplatzbau e. V.« zusammengeschlossen. Nachweise durch Deutscher Holzschutz-Verband e. V., Moselufer 32, D-5400 Koblenz.)

Im handwerklichen Verfahren bzw. im Eigenbau werden die Hölzer durch Trogtränkung, Tauchen, Streichen, Spritzen oder Fluten mit Imprägnierungssalzen behandelt. Das Holz muß saugfähig, sauber und fettfrei sein. Die Wirkstoffe dringen natürlich nicht so tief ein wie im Kesseldruckverfahren; besonders beim Streichen, Spritzen und Fluten muß die Tiefenwirkung durch mehrmaliges Behandeln »naß in naß« verbessert werden. (Nachweis geeigneter Mittel siehe Anhang.)

Materialien und ihre Kosten

Fichten-Rohholzstangen
75 m entastete und entrindete Rundhölzer
mit mittlerem Durchmesser
von 15 cm, je m 5,30   400,– DM
Salzimprägnierung   80,– DM
4 lfm Rundeisen
12 mm Durchmesser   10,– DM
14 m^2 Teichfolie je 15,–   210,– DM
10 m^2 Wühlmausgitter
je 6,– DM   60,– DM
Transport, Fracht u. a.   145,– DM
                              905,– DM

7 m^3 Erdarbeiten – siehe S. 75.

Kesseldruckimprägnierte Rundhölzer Am Markt sind praktisch nur Fichtenrundhölzer in der hier gefragten Stärke von 15 cm. Für ein Beet mit den Maßen von 0,75 m Höhe, 1,20 m Breite und 6 m Länge werden benötigt: zugeschnittene Rundhölzer mit 15 cm Durchmesser, 1,50 m lang für die Breitseiten bzw. 3 m lang zum Teilen auf Mitte, 6 m lang für die Längsseiten (siehe auch Zeichnung Seite 25).

Der Unterbau besteht am besten aus gestampftem Boden, möglichst kein Humusboden unter den Hölzern! Für die Eckbefestigungen werden Sparrennägel oder Rundeisen zum Durchstecken benötigt.

Kostenzusammenstellung

5 Rundhölzer, 3 m lang, je 37,–	185,– DM
10 Rundhölzer, 6 m lang, je 75,–	750,– DM
4 lfm Rundeisen, 12 mm Durchmesser	10,– DM
14 m² Teichfolie je 15,–	210,– DM
10 m² Wühlmausgitter je 6,–	60,– DM
Transport, Fracht, Planung u.a.	145,– DM
	1360,– DM

Können die Erdarbeiten, bei denen rund 7 m³ zu bewegen sind, nicht selbst oder in Nachbarschaftshilfe ausgeführt werden, entstehen weitere Kosten. Vorher Angebot einholen!

Baustoff Beton-Hohlblocksteine

Beton-Hohlblocksteine sind im Baufachhandel zu beziehen. Sie haben ein hohes Eigengewicht und brauchen nicht gemauert zu werden.
Nachstehend die in der Bundesrepublik Deutschland eingeführten Normmaße von Beton-Hohlblocksteinen der für Hochbeete in Frage kommenden Größen in cm:

Breite	Länge	Höhe
17,5	49	23,8
24,0	36,5	23,8
30,0	36,5	23,8

Die Maße in anderen Ländern sind im örtlichen Baustoffhandel zu erfragen.

Von den genannten Typen sind jene mit 20 oder 25 cm Wandstärke zu wählen. Diesen Maßen entsprechend muß man drei bis vier Lagen übereinanderschichten, um die erforderlichen 60 bis 80 cm hohen Seitenwände zu erzielen. Die Hohlblocksteine für ein 6 m langes Hochbeet, entsprechend rund 13 m² Seitenflächen, kosten (1985) je m² 18,50 also 240,50 DM. Hohlziegel aus Ton sind wegen der geringen Frost- und Wetterfestigkeit nicht geeignet.
Wenn an den Wänden erst einmal Erbsen, Tomaten oder Erdbeeren herabranken, wird man Hohlblocksteine nicht als »gartenfremd« empfinden. Wer aber will, kann die Wände mit Brettern verkleiden: mit gesäumten 20 bis 30 mm starken ungehobelten Brettern oder, einfacher und billiger, gesäumten »Schwartlingen«.

Innenauskleidung mit Folie

Bevor nun das Beet aufgefüllt wird, ist es bei Beeten aus Rundhölzern vorteilhaft, die Innenwände mit Folien (0,10 bis 0,20 mm stark) oder Ersatzstoffen (s. Seite 45) auszukleiden. Diese Folien verhindern einerseits ein zu frühes Faulen der Rundhölzer an der Innenseite und andererseits ein Ausschwemmen der Beeterde zwischen den Rundhölzern hindurch. Auch bei Beeten aus Betonsteinen bewährt sich diese Folienauskleidung, da die Steine sonst ständig viel Wasser aus dem Beet aufsaugen; die Feuchtigkeit der Beeterde bleibt länger erhalten.

Befüllung des Beetes

Als unterste Lage kommt eine Schicht (20–40 cm hoch) aus groben Pflanzenteilen, Zweigen und Ästen bis 5 cm Durchmesser aller Laubholzarten (Nadelholzanteil nur bis zu einem Viertel), Auslichtholz von Sträuchern, angemoderten Brettern oder altem Holz, das man loswerden möchte. Eine vielseitige Mischung ist günstig. Dabei ist auf sorgfältige Längsschichtung zu achten.
Die Zwischenräume werden mit Mutterboden aufgefüllt, der sorgfältig mit Wasser einzuschlämmen ist! (Vergleiche »Eine wichtige Lehre beim Bauen«, Seite 24.) Das Ganze wird festgetreten, damit sich das Beet in den Folgejahren nicht zu stark senkt.
Nun folgt eine sehr wichtige Schicht: eine Lage von etwa 10 cm weitgehend verrottetem Stallmist und Lehm im Mischungsverhältnis 2:1. Hier ist Schafmist besonders geeignet. Diese Mischung sollte nach Möglichkeit schon 1 bis 2 Monate gelagert sein. Die luftführende Reisigschicht darunter ermöglicht ja eine weitere gute Rotte.
Weitere 25 cm werden wieder mit der besorgten Ackererde, Gartenerde und Humuserde befüllt. Es soll ein humus- und nährstoffreicher Boden sein, das Beste ist gerade gut genug! Auch in dieser Schicht sind, wenn laut Bodenanalyse notwendig, Phosphat- und Kalidünger, in jedem Falle aber Steinmehle, einzumischen.
Den Abschluß des Hochbeetes bildet eine Schicht von 20 cm Kompost bzw.

Seite 77
Baustoff Hohlblocksteine.
Oben: Die Wände aus Steinen sind aufgesetzt, Reisig und sonstige grobe Holzabfälle liegen bereit.
Unten: Die Holzschicht ist eingelegt und wird jetzt mit Mutterboden, der gründlich mit Wasser eingeschlämmt werden muß, ausgefüllt.

Seite 78
Bau des 16 m langen Beetes, wie ab Seite 24 beschrieben.
Oben: Links im Bild wird der Weg ausgehoben, der später mit Hohlblocksteinen ausgelegt wird. Rechts wird gerade ein weiterer Hohlblockstein einfach aufgesetzt. Die Steine werden nicht vermauert.
Unten: Aufnahme aus der Gegenrichtung zu obiger. Der Weg aus Hohlblocksteinen längs der Südwand des Beetes ist inzwischen gelegt worden. (In Behinderten-Gärten sollte der Weg mindestens 1 m breit sein, damit ein Rollstuhl fahren kann.)

Seite 79

Oben: Der »Mäusedraht« wird abgerollt und dann in 25 bis 30 cm Tiefe fest eingelegt.
Unten: Hier ist der winklig eingelegte »Mäusedraht« zu erkennen. Zur Bewässerung wurden Drainageröhren in zwei Reihen senkrecht eingesetzt, wie auf den Seiten 24/25 beschrieben.

Seite 80

Baustoff Holz.
Oben links: Die 1,25 bis 1,30 m breite Grundfläche (je nach Balkenstärke) und beliebig lange Grundfläche (hier 8 m) ist ausgehoben, die Stangen sind aufgesetzt. Jetzt wird als unterste Schicht eine möglichst vielseitig zusammengesetzte Mischung aus starken Ästen, alten Brettern und Stangen eingelegt.
Oben rechts: Die Holzschicht wird mit Mutterboden aufgefüllt, dieser sorgfältig mit Wasser eingeschlämmt und die Schicht festgetreten.
Unten links: In etwa 25 bis 30 cm Tiefe (vergleiche Zeichnung Seite 24) wird Wühlmausdraht eingelegt.
Unten rechts: Als oberste Schicht wird 20 cm Kompost oder je 10 cm Kompost und Mutterboden aufgebracht.

je 10 cm Kompost und Krume/Gartenerde, die abgeschrägt zu liegen kommt, wie es sich aus den unterschiedlich hohen Längswänden ergibt.

Unterflurbewässerung

In Gebieten mit Trockenklima, also mit natürlichen Jahresniederschlägen von weniger als 500 mm (= 500 l/m²) Wasser, hat sich eine in das Beet schon beim Aufbau eingebrachte Unterflurbewässerung bewährt. Es gibt zwei Möglichkeiten: a) die kompliziertere – Dränageziegel aus Ton; b) die einfachere – Tröpfchen-Bewässerungsschläuche.
Dränagerohre des Handels, 6 cm Durchmesser, werden Stoß an Stoß mit einem Gefälle von 0,3 % (bei 12 m Beetlänge rund 3,5 cm Gefälle) in einer Tiefe von 30 bis 50 cm verlegt. Um eine »ebene« bzw. waagerechte Verlegung zu erreichen, nehme man eine Dachlatte als Auflage, auch das Gefälle kann damit exakt bestimmt werden. Bei der Einbettung in Erdreich ist eine Ummantelung mit Bimskies, Leca-Kügelchen oder Schotter vorteilhaft; dann kann kein Erdreich einsickern und können keine Saugwurzeln starker Pflanzen eindringen. In diese Dränage-Rohre wird ein weiterer Schlauch eingezogen: Folienschläuche des Handels, selbst gelocht, Sprühschlangen, Symalen-Wasserleitungsrohre mit selbst durchgeführten Bohrungen im Durchmesser von 1–2 mm oder ähnliches. Seitlich am Beetrand läßt man einen Einfüllstut-

zen für die Wasserbeschickung herausragen.

Für ein 1,20 m breites Beet reichen zwei derartige Längsstränge.

Nun die einfachere Methode: Tröpfchen-Bewässerungsschläuche. Hier sind mehrere Fabrikate im Handel. Alle bestehen aus Kunststoff, meist Polyethylen (PE), und haben in Abständen von 25 bis 40 cm Tropfstellen, die bei einem bestimmten Druck eine bestimmte Wassermenge pro Zeiteinheit abgeben, z. B. 2,7 l/h pro Tropfstelle bei 1 bar Wasserdruck. Derartige Markenfabrikate sind: Aquadrop, Barram, Beta, HB-Aqua, Perrot u. v. a.

Um eine ausreichende Bewässerung zu gewährleisten, sind Schlauchabstände von 30 bis 40 cm einzuhalten, das sind dann 3 bis 4 Stränge pro Beet. Natürlich können derartige Tröpfchenbewässerungsanlagen auch nachträglich auf die Beetoberfläche mit demselben Effekt ausgelegt werden. Als Zusatzausrüstung sind sinnvoll: ein Wasserfilter (damit die Tropflöcher nicht verstopfen), ein Reduktionsventil zur Druckminderung und ein Mengenregulierventil. Ein Feuchtigkeitsmeßfühler erlaubt darüber hinaus noch eine automatische Bewässerung.

In Lagen mit insgesamt ausreichenden und gleichmäßig verteilten Jahresniederschlägen von über 600 bis 700 mm besteht auch die Möglichkeit, ohne zusätzliche Bewässerungsanlage auszukommen, wenn die Beetoberfläche ständig mit geeignetem Material (siehe Seite 83) abgedeckt wird.

Drahtgeflecht gegen Wühlmäuse

Eine weitere Zusatzausstattung oder besser Vorsichtsmaßnahme bei der Anlage eines Hochbeetes ist das Einlegen eines verzinkten Drahtgeflechtes in etwa 30 cm Tiefe. Seitlich wird das Geflecht im rechten Winkel geknickt, bis zum oberen Innenrand der Einfassung weitergeführt und befestigt. Mit dieser Maßnahme begegnet man einer gärtnerischen Landplage – den Wühlmäusen.

Die Maschenweite des Drahtgeflechtes darf 1,5 cm keinesfalls überschreiten. Nur so kann wirkungsvoll verhindert werden, daß Wühlmäuse von unten her in den Wurzelbereich unserer Pflanzen einwandern.

Es ist leicht verständlich, daß diese Tiere im lockeren Material des Hochbeets ideale Lebensbedingungen vorfinden und sich massenhaft vermehren können. Es gibt gegen Wühlmäuse sonst kein absolut sicheres Mittel. Am wirkungsvollsten ist immer noch die Wühlmausfalle; sie erfordert allerdings beim Aufstellen und ständigen Kontrollieren einiges Geschick.

Man beködert den Abzug der Falle mit Mohrrüben oder Sellerie und hat dann meistens schnellen Erfolg. Nur wenn sich Wühlmaus und Maulwurf in einem Gangsystem befinden oder wenn es sich überhaupt um einen Maulwurf handelt, kann auch ein schwarzer Geselle zum Opfer der Falle werden. Nach Aussage erfahrener Praktiker kommt das aber selten vor. (Nachweis von Spezialfallen s. Lieferantenverzeichnis Seite 113.)

Bodenpflege und Bodenbedeckung

Beim Hochbeet ist das sonst übliche Umgraben, das in der Regel ohnehin eine Störung des Bodenlebens darstellt, von vornherein nicht vorgesehen. Leichtes Aufhacken bzw. Auflockern des Bodens mit der Grabegabel reicht aus – siehe auch Seite 15; es gibt also kein anstrengendes Arbeiten mit dem Spaten mehr. Wichtigste Aufgabe beim Kultivieren ist vielmehr die Schaffung einer ständigen Bodendecke. Nackter, unbedeckter Boden ist in der Natur ein anormaler Zustand, ein Krankheitszeichen! Wo immer möglich, ist der Boden mit einer Pflanzendecke überzogen. Dieses »Zeichen von Gesundheit« bekommen wir ja als Unkrautwuchs deutlich zu spüren.

Welche Möglichkeiten gibt es nun, eine Bodendecke zu schaffen?
1. Schwarze Mulchfolienstreifen. Die wärmespeichernde Wirkung der Folie hat sich besonders bewährt.
2. Holzbretter, die einfach aufgelegt werden, in Längen von 2–3 m bzw. halber Beetlänge zur leichteren Handhabung in Breiten von 15 cm und Stärken von 1,5–2 cm. Auch sogenannte Schwartlinge oder stärkere Pappkarton-Streifen sind geeignet.
3. Streudecke aus kleingehacktem Grünmaterial, z.B. Rasenschnitt oder sonstiges mit einem Gartenhäcksler zerkleinertes Frischmaterial.
4. Lebende Pflanzendecke, wie wir sie als Gründecke bzw. aus konsequenter Mischkulturweise kennen (s. S. 84).

Diese vorgenannten Bodendecken haben mehrere Vorteile. Der Boden bleibt oder wird krümelig, locker, das wiederholte Lockern erübrigt sich. Er bleibt feucht, Regenschauer zerschlagen keine Bodenkrümel. Das Gießen wird in Lagen mit über 800 mm Jahresniederschlägen, die einigermaßen gleichmäßig verteilt sind, überflüssig. Die Bodendecke unterdrückt den Unkrautwuchs; chemische Unkrautmittel (Herbizide) sind im Hochbeet völlig entbehrlich. Sie schafft ausgeglichenere Temperaturverhältnisse und gibt Schutz vor greller Sonneneinstrahlung.

Mulchfolien

Die schwarze Mulchfolie bringt auch alle eben aufgezählten Vorteile einer Bodenbedeckung mit. Humus muß jedoch bei der Folienanwendung im Herbst über den Komposthaufen nachgeschafft werden. Zur Verwendung kommen 0,04–0,06 mm starke Mulchfolien aus Polyethylen, wie sie in 1,0 m–1,2 m breiten Bahnen im Fachhandel für den erwerbsmäßigen Erdbeer- oder Gurkenanbau erhältlich sind. In dieser Stärke wird sie gewöhnlich nur ein bis zwei Kulturperioden halten, weil sie durch die ultravioletten Lichtstrahlen abgebaut wird und sich in Fetzen auflöst. Ebenso eignen sich geschlitzte Mulchfolien, die sogar einen besseren Luft- und Wasseraustausch erlauben. Ist eine längere Lebensdauer erwünscht, wird man Folienstärken von

0,10–0,20 mm nehmen. Diese Materialtypen werden in der Landwirtschaft als sogenannte Silo-Abdeckfolien verwendet und sind einige Jahre haltbar. Entsprechend den Pflanz- oder Säreihen auf dem Hochbeet werden aus diesen Folien 25 bis 30 cm breite Streifen geschnitten und zwischen die Pflanzreihen gelegt. So bleibt bei Pflanzabständen von 35 bis 40 cm noch genügend Spielraum für Luftaustausch, Wassereintritt und zum Säen und Pflanzen.

Die Folienstreifen müssen mit 20 cm langen Drahthaken befestigt werden, damit der Wind sie nicht wegweht. Nach der Entwicklung bestimmter Kulturen wie Gurken oder Tomaten werden sie von diesen sowieso mehr oder weniger festgehalten. Die wärmespeichernde Wirkung der Folie kommt besonders auch in Hoch- und Frostlagen zum Tragen, weil die Beete dann früher bestellt werden können. Die Bodengare unter einer Folie ist vorzüglich, und bei einer Gabe von nur kurz angerottetem Kompost finden die Kleinlebewesen das erwünschte Klima: Luft, Feuchtigkeit, Wärme und Dunkelheit. Der Unkrautwuchs ist unterdrückt, das Jäten wird überflüssig. Der Arbeitsaufwand für das Aufbringen der Mulchfolie wird dadurch weitestgehend ausgeglichen. Zur Unterdrückung des Unkrautwuchses müssen die Mulchfolien aber gut schwarz eingefärbt sein! Bei einigen Folienherstellern kommt es hier leider zu Qualitätsmängeln.

Nachdem im Frühjahr die Beete vom Grobmaterial, das über den Winter nicht verrottet ist, befreit wurden, sollen Folien oder Bretter, sobald wie möglich, ausgebracht werden. So wird die erste Frühjahrssonne im Februar–März bestmöglich genützt, und die Feuchtigkeit bleibt erhalten. Die Hochbeete können sich für den ersten Anbau gründlich erwärmen.

Streudecken aus Grünmaterial

Die Streudecke aus Grünmaterial wird während der Vegetationszeit ständig auf die Beete gebracht, sobald Material anfällt. Es wird *zwischen* den Sä- bzw. Pflanzreihen aufgelegt. Material mit Wurzeln oder Samen sollte man meiden, um den Unkrautwuchs nicht zu fördern. Je »tätiger«, d.h. belebter der Boden unseres Hochbeetes ist, desto schneller werden seine Mikroorganismen die Streudecke verarbeiten. Nach 2 bis 3 Wochen kann die Decke erneuert werden, damit sich nicht Unkraut auf dieser Humusdecke einstellt. Nach dieser Zeit sind die angebauten Pflanzen herangewachsen und besorgen den nötigen Bodenschutz selbst.

Die Dicke der Streudecke wird von der Art und Beschaffenheit des aufzubringenden Materials abhängen. Lokkeres Zeug wird 2 cm dick aufgetragen, kompaktes nur schleierartig. Das Motto soll nicht lauten: »Viel hilft viel!« Unter der Decke soll nichts faulen, sondern nur rotten. Es schadet nicht, wenn diese Streudecke bald ab- und austrocknet, deswegen schützt sie den Boden doch, ist Nahrung und wird bald verarbeitet sein. Und das Wichtigste: So wird Humus an Ort und Stelle ohne den Umweg über den Komposthaufen gebildet.

Nutzung des Hochbeetes

Der Nutzungsbeginn eines Hochbeetes hängt vom Zeitpunkt der Errichtung ab:
- Wurde das Hochbeet während des Frühjahrs oder des Sommers erstellt, dann steht einer unverzüglichen Inkulturnahme mit Direktsaaten oder Auspflanzungen der verschiedenen Gemüse-, Kräuter- oder Blumenarten nichts im Wege.
- Ist es im Herbst oder Spätherbst gebaut worden, dann braucht es nur noch für die Winterruhe, in der sich die einzeln aufgebrachten Materialschichten setzen, vorbereitet zu werden: Als oberste Schicht kann nochmals eine Schicht (etwa 5 cm) grober Kompost gegeben werden. In sehr milden Lagen sät man entweder eine Gründecke mit Senf (20 g Saatgut für 10 m^2 in Breitsaat) als Schutzschicht für den Winter oder beginnt auch gleich mit Herbstkulturen wie Feldsalat oder Winterpostelein, Wintersaatzwiebeln oder Steckzwiebeln zur Überwinterung.
- Sobald das Beet im Frühjahr durch die Februar-März-Sonne aufgewärmt ist, kann es hergerichtet werden. Zunächst wird das grobe Kompostmaterial, das locker und trocken daliegt und den Winter über nicht verrotten konnte, abgerecht. Es kommt zurück zum Kompost, unter Umständen auf dem Weg über den Gartenhäcksler. Besteht die Absicht, mit der auf Seite 83/84 erwähnten Plastikfolie abzudecken, werden die Plastikstreifen, im Normalfall drei Stück pro Beetbreite, ausgelegt. Zwischen den Folienbahnen bleiben 3 bis 5 cm zum Aussäen oder Auspflanzen frei. Die Folien können auch schon 2 bis 3 Wochen vor dem geplanten Kulturbeginn (je nach Witterungsverlauf und Schneedecke) zur Bodenerwärmung ausgelegt werden. Auf diese Weise sind Sä- bzw. Pflanzreihenabstände von 33 cm vorgegeben. Dieser Mindestreihenabstand von 33 cm soll auch bei der Kultur ohne Folien unbedingt eingehalten werden. Er bewährt sich bei den meisten Kulturen.

In dieser Zeit ist auch die zusätzliche Errichtung des auf Seite 72 erwähnten Folientunnels über dem Beet möglich. Er schützt die Frühkulturen vor nachwinterlichen Witterungsunbilden, und das Beet erwärmt sich schneller. Zum Anbringen der Tunnelbögen sind bei der Errichtung der Beetstützwände die Eisenrohre vorgesehen worden. Für die 1,20 m breiten Beete reichen Folien in Breiten von 2,20 m bis 2,50 m, in Stärken von 0,10 bis 0,15 mm. Man soll transparente Gartenbaugütefolien besorgen und keine sogenannten Baufolien, die nicht so lange halten. Zur Befestigung bzw. Windsicherung eignet sich das Schnursystem (bei jedem Bügel eine

Schnur zum Niederhalten) oder die Federstahlstab-Doppelbügel (System »festam«), die Folie ist zwischen zwei Bügel eingeklemmt.

Bei diesen Systemen kann man lüften, indem man die Folienbahnen in Richtung Bügelmitte hochschiebt. In ausgesprochen schlechten, klimatisch benachteiligten Gartenanlagen kann dieser Folientunnel das Jahr über stehenbleiben. Üblicherweise wird die Folie mit dem Witterungsfortschritt im Frühsommer, Ende Mai, Anfang Juni, wieder weggeräumt; die Bügel können auch das Jahr über stehen bleiben.

Anstelle der Plastiktunnel können auch einfacherweise nach der ersten Saat oder Pflanzung im Frühjahr Lochfolien (500 Löcher/m^2), auch sogenannte mitwachsende Folien oder Vliese wie »Agryl P 17« oder »Growtect«, flach aufgelegt werden; und zwar für 4 bis 6 Wochen.

Frühkulturen

Aussaat bzw. Pflanzung im März oder April

Wurzelgemüse: Mairüben, Möhren (Karotten), Radieschen, Rettich, Rote Rüben, Pastinake, Petersilie.

Blattgemüse: Feldsalat (Rapunzel), Kopfsalat, Schnittsalat, Spinat.

Fruchtgemüse: Dicke Bohne, Erbsen (zuerst Palerbsen, später Markerbsen).

Kohlgemüse: Brokkoli, Frühblumenkohl, Frühkopfkohl, Kohlrabi.

Zwiebelgemüse: Frühlingszwiebel, Knoblauch, Sommerzwiebel.

Gewürzkräuter: Blattpetersilie, Boretsch, Dill, Gartenkresse, Sauerampfer, Schnittlauch, Winterheckenzwiebel.

Folge- bzw. Sommerkulturen

Aussaat bzw. Pflanzung im April oder Mai

Wurzelgemüse: Kartoffel, Knollensellerie, Schwarzwurzel.

Blattgemüse: Chicorée, Kopfsalat, Löwenzahn.

Fruchtgemüse: Buschbohne, Einlegegurke, Salatgurke, Eierfrucht (Aubergine), Paprika, Sojabohne, Tomaten.

Kohlgemüse: Blumenkohl (Karfiol), Kohl, Wirsing.

Zwiebelgemüse: Porree (Lauch).

Stielgemüse: Stangensellerie, Stielmus.

Gewürzkräuter: Basilikum, Bergbohnenkraut, Bohnenkraut (einjähriges), Boretsch, Dost, Kerbel, Majoran, Portulak, Pimpernelle, Salbei, Thymian, Weinraute, Ysop.

Sommer- bzw. Frühherbstkulturen

Aussaat bzw. Pflanzung im Juli oder August

Wurzelgemüse: Möhren (Karotten) zum Überwintern, Radieschen, weiße Rübe, Winterrettich.

Blattgemüse: Endiviensalat, Feldsalat (Rapunzel), Herbstkopfsalat, Radicchio-Salat, Spinat, Winterportulak (Winterpostelein).

Kohlgemüse: Brokkoli, Chinakohl, Kohlrüben, Wirsing zum Überwintern.

Zwiebelgemüse: Knoblauch, Knollenfenchel (Ende Juli), Winterzwiebel (15.–25. August).

Gewürzkräuter: Boretsch, Dill, Kümmel.

Die vorgenannten Kulturen werden in Mischkultur angebaut. Auf die Vorteile der Mischkultur wird in einem Kapitel noch näher eingegangen. Jungpflanzen einiger Arten werden selbst herangezogen, sofern ein Frühbeet, ein kleiner beheizbarer Folientunnel, ein Kleingewächshaus oder ein hierfür eingerichteter Raum im Haus zur Verfügung steht (siehe Kapitel »Jungpflanzen selbst anziehen?«). Wer sich diese Anzuchtarbeiten ersparen möchte, geht zum Gärtner, Pflanzenmarkt oder Wochenmarkt, wo Jungpflanzen angeboten werden.

Kompost

Im biologischen Gartenbau und bei der Nutzung der Hochbeete ist die Kompostbereitung von größter Bedeutung. Mit Kompostgaben von 6–8 kg pro m² (1 Schaufel sind 2 kg, 1 m³ Kompost sind 800 kg) im Jahr bleibt der optimale Strukturzustand – d.h. die Krümeligkeit und die Nährstoffversorgung – und damit die Fruchtbarkeit der Hochbeetfüllung erhalten. Komposterde steigert den Humusgehalt des Bodens und sein Vermögen, Regen- oder Gießwasser aufzunehmen und zu speichern, und sie fördert Wachstum und Gesundheit der Pflanzen.

Was kann kompostiert werden?

Alles organische, verrottbare Material, das in Gartern und Haus, Landwirtschaft und Gewerbe als Abfall anfällt. Hier nur einige Beispiele, geordnet nach den eben genannten vier Bereichen: *Gartenabfälle* wie Unkraut, Stauden, Schnitt von Hecken, Baum- und Strauchobst, Laub, Rasenschnitt, Rasensoden; *Haus- und Küchenabfälle* wie Kaffee- und Teesatz, Holzasche, Obsttrester; landwirtschaftliche Stoffe wie Spreu, Stroh und Stallmist; *gewerbliche Abfälle* wie Hobelspäne, Sägemehl, Wollstaub, Federn.

Eine Zerkleinerung des Gehölzschnittes und der Stauden auf 10 bis 20 cm mit einer Gartenschere oder mechanisch mit einem Häcksler erleichtert die Kompostbereitung wesentlich, weil sich die verschiedenen Rohstoffe dann besser mischen lassen. Entscheidend ist die intensive Mischung nährstoffreicher Stoffe wie Mist oder Wollstaub mit nährstoffarmen wie Spreu, Stroh oder gar Hobelspänen bzw. Sägemehl.

Enthält das zu kompostierende Material von vornherein keine erdigen Bestandteile, sollten unbedingt einige Schaufeln Erde dazugegeben werden. Gelegentliche Zugaben von Knochenmehl und Steinmehl bereichern den Kompost.

Eine Beigabe der im Fachhandel zahlreich erhältlichen Kompoststarter

(Aktivatoren) ist möglich, jedoch nicht Bedingung. Durch die Vielfalt des Gesammelten ist der Start einer guten Rotte dank des Bakterienbesatzes immer gegeben. Scheint der Kompost zu trocken, ist eine Wassergabe notwendig. Das Material soll feucht, aber nicht naß sein.

Kompostplatz

Die Kompoststätte sollte an einem gut zugänglichen Ort in der Nähe der Hochbeete angelegt werden: in warmen Lagen im Schatten einer Birke, Weißbuche, Erle, eines Haselnußstrauches oder Holunders, nach Möglichkeit windgeschützt; in kälteren Lagen eher unmittelbar an der Sonne, um die Bakterientätigkeit anzuregen. Dabei soll aber der Walm gut mit Stroh, Laub, Grasschnitt oder ähnlichem abgedeckt werden. Er soll nicht auf einer befestigten Unterlage wie Stein oder Beton liegen, sondern immer unmittelbar auf dem Erdboden, damit die Bodenlebewesen einwandern können.

Die Größe der Kompostwalme soll 80 bis 120 cm Breite und 60 bis 80 cm Höhe zur ausreichenden Luftzufuhr nicht überschreiten. Die Länge wird sich nach den örtlichen Möglichkeiten richten.

Äußeres Zeichen für einen guten Verlauf der Kompostierung ist eine anfängliche Temperatur von 40–50 °C im Inneren des Walms. Nach 4 bis 6 Wochen sind etwa 30 °C (handwarm) richtig. Außerdem kann eine Verpilzung der Komposterde (Pilz mit und

Seite 89

Neu aus Betonwänden errichtete Hochbeete mit üppigem Wuchs verschiedener Gemüsearten im ersten Jahr. Es ist noch nicht ausreichend mit Mutterboden oder Kompost aufgefüllt, und es fehlt noch die Nord-Süd-Neigung der obersten Schicht.

Seite 90

Folien als Bodenbedeckung.
Oben: Die Folien wurden nach dem Winter aufgelegt, sind jedoch wieder eingeschneit. Deutlich zu erkennen: Haken halten die Folien fest.
Unten: zwei Wochen später – die Beete sind jetzt bepflanzt bzw. eingesät.

Seite 91

Zwei Hochbeete aus Hohlblocksteinen mit Folien als Bodenbedeckung. Sie sind noch nicht voll mit Boden und Kompost aufgefüllt, jedoch schon in Kultur genommen worden. Die Grundregeln der Bepflanzung sind im unteren Bild deutlich zu erkennen: Im Norden hoch wachsende Art bzw. Starkzehrer (»Fresser«), hier Tomaten. Gurken ranken über die Beetwand hinunter.

Seite 92

Oben links: Eissalat neben einer Reihe Möhren im Muster-Hochbeet der Fachhochschule Freising-Weihenstephan bei München.
Oben rechts: Pflücksalat ›Eichenblatt‹, innerhalb der Reihe gemischt mit Lauch, neben einer Karottenreihe, am Südrand eines Beetes.
Unten: An der Südwand des Beetes ranken fruchtende Gemüsearten herab, links Erbsen, rechts Tomaten, hier Buschtomate ›Hoffmanns Rentita‹.

ohne Fruchtkörperbildung) beobachtet werden. Nach einiger Zeit sind Kompostwürmer (die roten Regenwürmer der Art *Eisenia foetida*) zu finden, die mit zunehmender Reife des Kompostes wieder abwandern.
Es konnten in diesem Kompostkapitel nur einige wichtige Punkte behandelt werden. Die meisten Gartenfreunde, die auf Hochbeete »umsteigen«, werden bereits Kompostpraktiker sein und über eigene Erfahrungen verfügen. Wer hier aber Neuling ist, sollte ein einschlägiges Buch studieren – siehe Literaturhinweis Seite 115.
Die in Gesprächen unter Gartenbesitzern aufkommenden Meinungsunterschiede in Sachen Kompost erklären sich weitgehend aus unterschiedlichen Gegebenheiten, so unter anderem aus ländlicher oder städtischer Situation. Ein Beispiel: Die Frage »Heißkompostierung – ja oder nein?« beantwortet sich nach Menge und Art der anfallenden Rohstoffe. Die Heißvergärung wurde bei der landwirtschaftlichen Verwertung großer Mengen von Spreu und Stroh entwickelt, nicht zuletzt im Bestreben, dabei Unkrautsamen zu vernichten. In Gärten dagegen ist die allmähliche Verrottung der zu kompostierenden Stoffe mit geringerer Wärmeentwicklung von vornherein gegeben.
Dementsprechend ist bei dem unter Gartenfreunden wohl bekanntesten Kompostpraktiker, Prof. Alwin Seifert, von Heißvergärung keine Rede; und Ewald Könemann unterscheidet je nach Situation, wie oben dargelegt (siehe Literaturhinweis Seite 115).

Mischkultur

Die Gemüsebeete in den meisten Haus- und Kleingärten werden heute noch durch Besäen oder Bepflanzen mit nur jeweils einer Gemüseart genutzt. Bei Hochbeeten mit ihrer begrenzten, kostbaren Fläche aber wird die Mischkultur angewandt, wie sie im biologischen Gartenbau allgemein üblich ist.

Mischkultur nennt man den Anbau verschiedener Gemüsearten reihenweise nebeneinander oder auch abwechselnd *in* der Reihe. Die Arten unterscheiden sich durch botanische Familienzugehörigkeit, Wuchshöhe, Platzbedarf, Erntetermine, Tief- oder Flachwurzler. Dieser Begriff der Mischkultur ist nicht zu verwechseln mit der Frucht- oder Kulturfolge, also dem zeitlichen Nacheinander der einzelnen Kulturen.

Mischkulturweise zu betreiben ist sehr interessant und bringt Mehrertrag – schon weil die Fläche räumlich und zeitlich lückenlos genutzt wird –, erfordert aber mehr Denkarbeit.

Mischkultur ist in der Fachpresse als »vollbiologische« Gartenbaumethode bezeichnet worden, u. a. weil sie das Bodenleben und überhaupt die Tiere des Gartens so wenig wie möglich stört, Bodennährstoffe und Abwehrkräfte der Pflanzen aktiviert und ganzjährige Versorgung ermöglicht (»Garten organisch«, Heft 2/1980).

Mischkulturen
- gestatten eine bessere Platzausnutzung;
- sichern ständige Bodendeckung;
- wechseln mit Stickstoffsammlern und Stickstoffzehrern ab;
- bringen mehr Ernte- und Wurzelrückstände in den Boden;
- fördern den Humusaufbau;
- wehren Krankheiten und Schädlinge ab;
- fördern Gesundheit und Entwicklungsfreudigkeit der Pflanzen;
- vermindern die Notwendigkeit, zusätzlich zu wässern.

Ist die Hochbeetfläche knapp – und das dürfte die Regel sein –, wird man wegen der gewünschten Vielfalt an Gemüsearten auch *in* der Reihe gemischt anbauen; dann steht beispielsweise in einer Karottenreihe alle 50 cm eine Pflanzzwiebel. Diese Kombinationen *in* der Reihe haben noch den Vorteil, daß der Effekt der gegenseitigen Minderung des Schädlingsbefalles noch verstärkt wird. Diesen »Mechanismus« sollen einige Beispiele erläutern:

Möhren mit Zwiebeln: Möhren werden nicht von der Möhrenfliege befallen, Zwiebeln nicht von der Zwiebelfliege.

Sellerie mit Blumenkohl (Karfiol): Minderung des Rostbefalles bei Sellerie.

Salat mit Radieschen: Abwehr der Erdflöhe bei Radieschen.

Tomaten mit Karotten: Auffallende Gesundheit der Tomaten.

Weißkohl mit Sellerie oder Tomaten: Abwehr des Kohlweißlings.

Bohnenkraut mit Zwiebeln: Wachstumsförderung.

Petersilie mit Tomaten: Wachstumsförderung der Tomaten.
Dill mit Kohl: Wachstumsförderung.
Boretsch: Insektenabweisend.
Tagetes: Nematoden (Älchen) abwehrend, Weiße Fliege (Mottenschildlaus) vertreibend.
Lauch: Gesundungspflanze gegen Nematodenbefall.

Dill, Lavendel, Kapuzinerkresse: Blattlausvertreibend.
Lauch mit Karotten: Möhrenfliege abwehrend.
Beifuß, Schwarzwurzel, Salbei: Möhrenfliege abwehrend.
Zweige des Lebensbaumes *Thuja occidentalis*): Mäuse abweisend.

Beispiele von Mischkulturen

Aussaat bzw. Pflanzung im März oder April	Aussaat bzw. Pflanzung, sobald abgeerntet im Mai, Juni oder Juli
Erbsen mit Radieschen Spinat Kopfsalat mit Radieschen Spinat	Erdbeeren (ganz- bzw. mehrjährig) Porree Knoblauch (September) Karotten
Spinat (vom Vorjahr) Kohlrabi Feldsalat (vom Vorjahr) Osterrettich	Buschbohnen mit Dill Rettich mit Pflücksalat Rote Rüben mit Dill Buschbohnen mit Bohnenkraut
Blumenkohl Spinat Wintersalat (vom Vorjahr) Brokkoli mit Kohlrabi	Sellerie mit Porree Pflücksalat mit Radieschen Salatgurken Sellerie mit Porree
Grünkohl mit Porree (vom Vorjahr) Zichoriensalat (vom Vorjahr) Steckzwiebeln Karotten	Karotten mit Gartenkresse Karotten mit Fenchel Chinakohl Spinat
Kohlrabi Kopfsalat mit Radieschen Frühkohl Erbsen	Buschtomaten Buschbohnen Buschbohnen Paprika

Kombinationsmöglichkeiten

Nach »Wegleitung zum biologischen Gartenbau für Anfänger« der Arbeitsgruppe für biologischen Gartenbau, CH-3436 Zollbrück/BE

	Zwiebeln	Zucchetti	Zichoriensalat	Tomaten	Stangenbohnen	Spinat	Sellerie	Schwarzwurzeln	Rüben	Rote Rüben	Radies./Rettich	Pflücksalat	Petersilie	Mangold	Lauch	Kopfsalat	Kohlrabi	Kohlarten	Knoblauch	Kartoffeln	Karotten	Gurken	Fenchel	Erdbeeren	Erbsen	Endivien	Dill
Buschbohnen	●			x		x		x	x	x	x		x		●	x	x	x	●		x	●		●			
Dill	x					x	x		x						x						x	x			x		
Endivien			x												x	x						x					
Erbsen				●	●				x		x				●	x	x	x	●	◐	x		x			x	
Erdbeeren	x						x								x	x		x	x								
Fenchel			x	●	●								x			x					x				x	x	
Gurken	x			●	x		x			x					●	x	x				x				x		x
Karotten	x		x	x					x						x	x						x			x	x	
Kartoffeln	●				x		●			●						x	●								●		
Knoblauch			x	●						x						●				x	x		x	●			
Kohlarten	●		x	x	x	x			x	x		x	x	x	●	●	●				x			x	x	x	
Kohlrabi			x	x	x	x	x		x			x			x	x					x				x		
Kopfsalat	x		x	x	x		●	x	x		x				x		x	x			x	x	x	x	x	x	
Lauch			x	●		x	x			●						x	x	x			x			x	●	x	
Mangold						x	x									x					x						
Petersilie				x						x					●												
Pflücksalat				x			x	x	x	x								x					x				x
Radies./Rettich				x	x	x			x	x	x				x	x					●			x	x		
Rote Rüben	x								x						●	x		x	●		x						x
Rüben				x	x	x							x	x	x										x	x	
Schwarzwurz.							x								x	x	x										
Sellerie				x	x										x	●	x	x			●		x				
Spinat				x	x					x						x	x	x									
Stangenbohnen	●	x	x			x	x		x	x					●	x	x	x	●			x	●		●	x	
Tomaten			x			x	x		x	x	x	x			x	x	x	x	x	●	x	●	●		●		
Zichoriensalat				x	x											x					x			x			
Zucchetti	x			x																							
Zwiebeln			x	●											x		x			x	x	x	x				x

```
x       günstig für Misch- und Nachbarschaftskulturen
●       ungünstig für Misch- und Nachbarschaftskulturen
Rest    neutral, wobei Licht- und Feuchtigkeitsbedarf zu berücksichtigen sind
```

Die Erfahrungen mit Mischkulturen der verschiedenen Praktiker stimmen gut überein. Abweichend bzw. ergänzend zu dieser Übersicht schreibt Gertrud Franck in »Gesunder Garten durch Mischkultur« (s. Literaturhinweis): Kartoffeln passen nicht zu Zwiebeln und Rote Rüben und Blaukraut nicht zu Tomaten.

Gründüngung

Gründüngung ist der Anbau von Pflanzen zum alleinigen Zweck der Düngung, der Bodenbelebung, der Bodenverbesserung, damit zur Erhaltung der Bodenfruchtbarkeit. Auch beim Gärtnern mit Hochbeeten wird das Einschieben einer Gründüngung als Zwischennutzung manchmal in Frage kommen. Es gibt beispielsweise Jahreszeiten oder gewisse Zeitabschnitte im Gartenjahr, die keine intensive Beschäftigung mit dem Hochbeet erlauben. Dies können Wintermonate, Reisezeiten, Verhinderung durch Krankheit oder Urlaub sein. Gründüngungen haben besondere Wirkungen auf Hochbeete: Versorgung mit organischen Stoffen, vor allem Wurzelrückständen, Anreicherung mit Nährstoffen und Spurenelementen, Verbesserung der Bodenstruktur, Steigerung der biologischen Aktivität, Verminderung der Nährstoffauswaschung, Unkrautverdrängung *(soweit man mit der schwarzen Mulchfolie ohnehin zu Rande kommt)* und schließlich nachgewiesenermaßen Verminderung des Krankheits- und Schädlingsbefalles. Gründüngung kann praktiziert werden als
– Hauptkultur (wenn das Beet längere Zeit nicht genutzt wird);
– nicht überwinternde Zwischenfrucht;
– überwinternde Zwischenfrucht.

Einsaaten als *Hauptkultur:* Steinklee (3 g/m^2), Lupine (20 g/m^2), Luzerne (3 g/m^2), Sommerwicke + Hafer (10 und 2 g/m^2).

Einsaaten als *nicht überwinternde Zwischenfrucht:* Feldererbse (15 g/m^2), Phacelia (2 g/m^2), Gelbsenf (2 g/m^2), Ölrettich (3 g/m^2), Spinat (5 g/m^2), Gelbe Lupine (4 g/m^2).

Einsaaten als *überwinternde Zwischenfrucht:* Zottelwicke (20 g/m^2), Winterroggen (20 g/m^2), Winterraps (3 g/m^2), Landsberger Gemenge (8 g/m^2).

Im Hinblick auf die leichtere Einarbeitung wird man jene Pflanzen wählen, die entweder bis zum Herbst leicht schnittfähig sind oder im Winter ohnehin zusammenbrechen und im Frühjahr leicht einhackbar sind.

Nachdüngung

Auch bei ständiger Bodenabdeckung mit organischen Materialien (Mulchung) bzw. Kompostanwendung kann das Hochbeet nach einiger Zeit Mangelerscheinungen an Haupt- oder Spurennährstoffen zeigen. Die Pflanzen äußern sich sehr deutlich durch Verfärbungen der Blätter oder sonstigen Pflanzenteile bei Nährstoffmangel. Ausgeprägte Mangelerscheinungen sind beispielsweise:
– Stickstoff-Mangel (N): gelblich verfärbte Blätter (vor allem Mittelrippen), Verkleinerung der Blätter, Zwergwachstum.
– Phosphor-Mangel (P): dunkelgrüne bis purpurrote Verfärbung der Blätter, gehemmtes Wachstum.
– Kalimangel (K): braunrote Verfärbung der Blätter, vor allem von der Blattspitze aus zwischen den Blatt-

rippen, geringer Wuchs, Verkürzung der Internodien.
- Magnesium-Mangel (Mg): ältere Blätter werden zwischen den Blattrippen gelb und später braun, schlechte Trieb- und Fruchtausbildung.
- Bormangel (B): Verkümmern der Triebspitze, vor allem bei Blumenkohl und Kohlrabi.

Es kann daher notwendig sein, alle 2 bis 3 Jahre eine Bodenuntersuchung in einer Versuchs- und Untersuchungsanstalt vornehmen zu lassen. Die Bodenprobe sollte auf den Gehalt von Stickstoff, Phosphor, Kalium, Magnesium und Spurenelemente, Kalk, Reaktionszustand (pH-Wert) und auf die biologische Aktivität untersucht werden.

Anzustrebende Nährstoffgehalte in einem Hochbeet werden sein:
Stickstoff: 15–25 mg/100 g Boden
Phosphor: 25–30 mg/100 g Boden
Kalium: 30–40 mg/100 g Boden
Magnesium: 15–20 mg/100 g Boden
Zink: 3–6 mg/100 g Boden
Kupfer: 6–10 mg/100 g Boden
Eisen: 150–200 mg/100 g Boden
Mangan: 80–250 mg/100 g Boden
Bor: 1,5–2,5 mg/100 g Boden
Humus: 5–8 %

Liegen in einem oder mehreren Nährstoffen krasse Mangelwerte vor, bieten sich beispielsweise folgende in der biologischen Bewirtschaftungsweise übliche Düngerarten zum Anheben der Nährstoffgehalte an (Gehaltsangaben in Prozent):

Handelsbezeichnung	N	P	K	Ca	Aufwandmenge
Bio-Vegetal	1/3	1/3	1/3	14	100–150 g/m²
Blutmehl	12/14	1/2	1/2	1/2	20–50 g/m²
California Rinderdung	1/2	1	3	--	100–200 g/m²
Cofuna	1/5	1/2	2	2	100–150 g/m²
Ecovital	6	4	2	--	100–120 g/m²
Hormana	8	7	10	--	100–120 g/m²
Hornmehl	9/14	4/5	–	6	20–60 g/m²
Hornoska	7	5	8	--	100–120 g/m²
Hornspäne	14	–	–	–	40–60 g/m²
Hyperphosphat	–	30	–	39	20–50 g/m²
Italpollina	4/6	3/5	2/4	2/4	150–200 g/m²
Kama-Orgamin-Super	12	12	17	–	40–60 g/m²
Knochenmehl	3/6	16/20	1	30	50–70 g/m²
Manna-Spezial	7	7	9	–	80–100 g/m²
Oscorna-Animalin	6	9	1/2	–	100–120 g/m²
Patentkali	–	–	26	–	20–40 g/m²
Peru-Guano	6	12	2	20	20–40 g/m²
Rizinusschrot	6	2/3	1/2	–	100–400 g/m²
Terragon	5	4/5	2/3	8	100–150 g/m²
Thomasmehl	1	16/20	–	32	20–60 gm²

Die wichtigsten Gemüsearten
Nach Siebeneicher (Hrsg.), Neues großes Gartenlexikon.

Art	1000-Korn-gewicht g	Keimzeit Tage	Reihenent-fernung cm	Entferng. i. d. Reihe cm	Aussaat Freiland Monat	Pflanzung Monat
Aubergine	4	15–18	40	40	–	V
Bohnen – Busch	200–1000	4–12	40– 50	40–50	M V – A VII	–
– Puff	1200–3000	10–14	30– 50	25–30	E II – E III	III
– Stangen	150–1000	4–12	80–100	50–60	10.–20. V.	–
Brokkoli	4	3–10	40– 50	50	V – VI	E V – VI
Chinakohl	4	3–10	40	30	E VII – M VIII	M VII – M VIII
Chicorrée	1,5	5–12	30	15–20	A V	--
Eissalat	1	4–10	30	30–35	E IV – A VI	E V – VI
Endivien	1,3	6–10	30– 40	30	M VI – VII	VII – VIII
Erbsen	120–500	6–14	30– 40	5	III – IV	–
Feldsalat	1,8–2	8–14	10– 15	dicht	VIII – A IX	–
Fenchel	4–8	15–25	40– 50	25–30	VII	–
Gartenkresse	1,6–2	2– 4	10	dicht	Folgesaaten	
Gurken	20–27	5–10	100–200	30–35	M V	E V
Kohlrabi	2,5–5	5– 6	30– 40	20–30	M III – VI	E VI – M VII
Kohl – Weiß, früh	4	6– 8	50	40	M II – E II	20. III. – IV
– Weiß, spät	4	6– 8	60	60	M IV – A V	20. – 30. V.
– Rot, früh	4	6– 8	50– 60	40	A II	1. – 15. IV.
– Rot, spät	4	6– 8	60	50	M IV	15. – 30. V.
– Wirsing, früh	4	6– 8	40	40	–	III – IV
– Wirsing, spät	4	6– 8	60	50	10. – 15. V.	VI – VII
– Blumen, früh	3	6– 8	40	40	A III	IV
– Blumen, spät	3	6– 8	60	60	IV – VI	A – M VII
– Rosen	3	5– 8	60–70	60–70	M V	A VI
Grünkohl	3	5– 7	50	40	V – VI	VI – VII
Kohlrübe	3	4– 7	50	40	IV – V	V – VI
Kopfsalat	1	5–14	30	30	IV – V – VI	M III – VI – VII
Mohrrübe	1,2	15–30	20–30	4– 6	E II – E V	–
Mangold	Knäuel 13–22	8–14	25	40	E IV	–
Neuseeländer Spinat	80–125	5–30	50–80	50–80	–	E IV – M V
Paprika	4– 6	8–15/20	40–50	40–50	–	M – E V
Pastinake	3	28–35	40–50	8–12	III – VI	–
Porree	3	12–18	30	25	IV – V	A V – A VII
Radieschen	8	5– 8	10–15	4– 7	III – IV – V	–
Rettich, früh	8	4–10	10–15	6– 8	III – M IV	–
Rettich, Winter	8	4–10	20–25	10	E VI – E VII	–
Rote Rübe	Knäuel 13–22	9–14	20–25	15	E IV – E V	–
Schnittsalat	1	5–14	25–30	dicht	ab IV Folgesaaten	–
Sellerie – Bleich	0,3	15–25	30–40	20	ab E III	ab M IV
– Knollen	0,5	15–25	40–45	40	A III	M – E V
Schwarzwurzel	10–14	10–16	25–30	10	III – IV	–
Spinat	10	5–14	20–25	dicht	III–IV + VIII–IX	–
Tomate	3	6–14	75	75	A IV – M IV	15. – E V.
Zichoriensalat	1	3	30–40	25–30	20. VI. – 20. VII.	–
Zwiebel	5	10–21	20–30	5	III – M IV + M – E VIII	–

Pflanzenschutz

Ein Wort sagt zwar »Gesunder Boden = gesunde Pflanzen«, doch auch beim Gärtnern im Hochbeet kann es das eine oder andere Mal zu Krankheitsbefall oder zu Auftreten von Schädlingen kommen. Man wird allen Ursachen des Krankheits- und Schädlingsbefalles durch geeignete Anbaumaßnahmen zu begegnen trachten. Der Hochbeet-Gärtner wird vor allem durch ständige Humuszufuhr die Bodengesundheit erhalten, durch geeignete Sortenwahl den Standort bzw. die klimatischen Verhältnisse berücksichtigen (nicht alle Gemüsearten passen an jeden Standort) und für eine harmonische Düngung der Pflanzen sorgen. Man kann so auch von einem vorbeugenden oder indirekten Pflanzenschutz sprechen. Liegen alle Anzeichen dafür vor, daß die Schadensschwelle überschritten ist, muß an wirksame Bekämpfungsmaßnahmen gedacht werden.

Hier sei besonders verwiesen auf die Schriften von Schmid-Henggeler und Snoek – siehe Literaturhinweis.

Besondere Sorgen machen auch im biologischen Gartenbau oftmals Schnecken. In den Hochbeeten der Verfasserin gab es bisher keine Schneckenschäden. Spielt das Klima, die Höhenlage von 850 m, eine Rolle? Bei der sorgfältigen Kompostierung haben Schnecken wenig Chancen, Eier abzulegen und sich zu vermehren. Die »radikale« Mischkultur mit durchgehender Mischung auch innerhalb der Reihen und die Einschaltung

Seite 101

Ein Nordhang wurde zum Südhang: Drei Familien erbauten je ein Hochbeet, in Ost-West-Richtung, an der Nordseite jeweils einen Stein höher, so daß die Beete nach Süden geneigt sind. Bodenbedeckung mit Folien. Angebaut werden verschiedene Gemüse in reihenweiser Mischkultur, mit Kräutern, darunter viel Dill, innerhalb der Reihen. (Siehe auch Bericht im Anhang Seite 109.)

Seite 102

*Hochbeete in 900 m Höhe am Nordrand der Alpen, gefüllt mit einer Mischung aus Mist und Erde, Bodenbedeckung mit angerottetem Stroh.
Oben: Reihenmischkultur mit Porree und Mohrrüben.
Unten: Zwiebeln, Mohrrüben, Erdbeeren und Kohlarten, gemischt mit Kräutern zur Herstellung von Präparaten der Biologisch-Dynamischen Wirtschaftsweise (Schafgarbe, Kamille), auch Ringelblumen.*

Seite 103

Oben: Hochbeet in Norddeutschland, bepflanzt mit verschiedenen Gemüsearten und – vorn rechts im Bild – Petersilie.
Unten: Hochbeet in Gebirgslage mit Querstange zur Auflage einer Folie, zur Kultur von Erdbeeren und anspruchsvollen Fruchtgemüsen wie Tomaten.

Seite 104

Hochbeet im Schaugarten der Fachhochschule Freising-Weihenstephan bei München.
Oben: Das Beet im Herbst, mit reifenden Tomaten, verschiedenen Blattgemüsen und späten Kohlrabi.
Unten: Das Beet im Frühsommer, mit Tomaten-Jungpflanzen an der Nordseite. Reihenweise Mischkultur mit Salaten und Möhren.

von Kräutern mindert die Chancen der Schädlinge weiterhin. Dies alles aber sind nur Vermutungen.

Nutzung der Hochbeete im Jahreslauf

Für einen Drei- bis Vier-Personen-Haushalt wird die Errichtung von zwei bis drei Hochbeeten von je 6 m Länge und 1,20 bis 1,40 m Breite – das ergibt je 6–7 m² – zweckmäßig sein. Es sind demnach 12 bis 21 m² Anbaufläche für eine intensive Nutzung verfügbar. Aufgrund der höheren Erträge und optimalen Platzausnutzung durch die Mischkulturweise werden diese zwei bis drei Hochbeete die Anbaufläche von 25–40 m² »ebenen« Gartens ersetzen können. Es wird in der Regel nicht möglich sein, mit wenigen Hochbeeten die Familie ganzjährig mit Gemüse zu versorgen. Ein gewisser Zukauf wird jahreszeitlich bedingt notwendig sein; andererseits werden bei einigen Gemüsearten Überschüsse entstehen.

Im Hochbeet baue man vor allem an:
- Feingemüse, weniger Grobgemüse;
- Gemüse, bei dem es auf Frische ankommt, z. B. Salatarten, Radieschen, Tomaten;

Im Hochbeet baue man dagegen weniger oder nicht an:
- platzraubende Gemüse wie Rosenkohl, Spätkohl, Zucchini-Kürbis;
- Dauerkulturen (Rhabarber, Spargel).

Was kann für die Familie auf einem Hochbeet im Lauf eines Gartenjahres an Gemüsen und Kräutern gesät (S) oder gepflanzt (P) werden, um alle Geschmäcker zu befriedigen? Damit der Hochbeetgärtner planen kann, folgen hier ein Beispiels-Anbauplan für zwei Hochbeete sowie jeweils eine Tabelle über Ernteerträge und Samenbedarf.

Anbauplan für zwei Hochbeete

mit 6–7 m² und vier Reihen in Mischkulturweise, Gemüse-Arten und Samen- (S) bzw. Pflanzenbedarf (P)

		Frühjahr (Februar/April)	Frühsommer (Mai/Juni)	Spätsommer (Juli/September)
Hochbeet 1		1. Reihe Kohlrabi (20 P)	Buschtomaten (10 P) + Petersilie (2 g S)	bis zum Frost
		2. Reihe Kopfsalat (15 P) + Radieschen (2 g S)	Buschbohnen (20 g S)	Spinat (20 g S)
		3. Reihe Frühkohl (10 P) + Dill (2 g S)	Knollensellerie (5 P) + Blumenkohl (5 P)	bis zum Frost
		4. Reihe Erbsen (50 g S)	Salatgurke (15 P oder 1 g S)	Feldsalat (4 g S)
Hochbeet 2		1. Reihe Frühblumenkohl (12 P)	Erdbeeren (25 P für 2–3 Jahre)	
		2. Reihe Spinat (20 g S) vom Vorjahr	Krachsalat (15 P)	Knoblauch (50 Zehen oder 200 g)
		3. Reihe Winterporree (30 P) vom Vorjahr	Rote Rüben (4 g S)	bis zum Frost
		4. Reihe Steckzwiebel (150 g P) + Karotten (1 g S)	–	Chinakohl (1 g S) oder Winterrettich (2 g S) oder Zuckerhutsalat (15 P)

Erträge und Verzehrgewohnheiten

Mit welchen Ernteerträgen ist bei diesen beiden Beispiels-Hochbeeten zu rechnen? Und wie stimmen diese mit den Verzehrgewohnheiten überein?

Kultur	Ernteertrag	Erntezeit	Jahresverbrauch pro Person u. Jahr
Hochbeet 1			
Kohlrabi	20 Stück	V	10 Stück
Kopfsalat	15 Stück 4,5 kg	V	6 kg
Radieschen	25 Stück	IV – V	40 Stück
Frühkohl	8 kg 10 Stück	VI	4 kg
Erbsen	2 kg Korn	VI	3 kg
Buschtomaten	30 kg	VIII–X	10 kg
Buschbohne	5 kg	VIII–IX	5 kg
Knollensellerie	2,5 kg 5 Stück	X	2 kg
Blumenkohl	5 kg 5 Stück	X	3 kg
Salatgurken	10 kg	VII–IX	3 kg
Feldsalat	2 kg	XI–IV	1 kg
Spinat	3 kg	XI	2 kg
Hochbeet 2			
Frühblumenkohl	6 kg 12 Stück	VI	3 kg
Winterporree	2 kg 30 Stück	V	2 kg
Steckzwiebeln	6 kg	VII	4 kg
Karotten	8 kg	VI–VII	6 kg
Erdbeeren	3 kg	VI–VII	2 kg
Krachsalat	9 kg 15 Stück	VII	6 kg
Rote Rübe	10 kg	X	3 kg
Chinakohl oder	18 kg	X–XI	4 kg
Winterrettich oder	8 kg	X	1 kg
Zuckerhut-Salat	12 kg 15 Stück	X–XI	4 kg

Diese Ernteergebnisse können sich also sehen lassen. Natürlich kann man bei einigen Gemüsearten, die nicht in diesen Mengen benötigt werden, die Reihenlängen halbieren und den Anbauplan um so vielfältiger gestalten. Der Jahresverbrauch an Gemüse ist mit 70 bis 90 kg pro Person angenommen worden und läßt sich in den einzelnen Gemüsearten nach Gewohnheit und Geschmack untereinander austauschen.

Samen- und Jungpflanzenbedarf

Um den Samen- bzw. Pflanzeneinkauf und die eigene Jungpflanzenanzucht leichter planen zu können, hier eine Tabelle

Gemüseart	Samenbedarf in g für 1 m² bei Direktsaat*)	1 g Samen enthält Körner
Aubergine	–	250
Blumenkohl	0,5	250
Brokkoli	0,5	220
Buschbohnen	10	2–3
Chicorée	0,5	600
Chinakohl	0,5	300
Dicke Bohnen	25	1
Endiviensalat	0,5	500
Erbsen	25	4–5
Feldsalat	2	1000
Gurken	1	35
Knollenfenchel	1	150
Kohl	0,5	250
Kohlrabi	0,5	250
Gartenkresse	70	900
Löwenzahn	0,5	1200
Mangold	4	70
Möhren	0,5	800
Petersilie	1	700
Porree	0,5	300
Radieschen	2,5	120
Rettich	1	130
Rote Rüben	2	60
Salat	0,5	800
Sellerie	–	2000
Spinat	7	120
Tomaten	–	300
Steckzwiebeln	60	–
Saatzwiebeln	0,6	250
Zuckerhut-Salat	0,5	600
Zucchini-Kürbis	1	6

*) Umrechnung für die Hochbeetreihe von 6 Laufmeter = rund 2 m² Anbaufläche.

Anhang

Erfahrungsberichte

Angeregt von Frau Kalaus haben wir uns entschlossen, 1983 ein Hochbeet anzulegen. Wohl war die Errichtung des Hochbeetes etwas zeitraubend, doch wurden wir hierfür durch eine reichliche Ernte mehr als entschädigt. Mit Begeisterung stellten wir fest, daß die Saat in der halben Zeit auflief und auch die Pflanzen weitaus größer wurden, als wir das bisher gewohnt waren. Besonders augenscheinlich trat dies beim Vergleich mit dem Garten unseres Nachbarn zutage.

Beispielsweise sind Salatpflanzen, die wir von diesem Nachbarn erhielten und zur gleichen Zeit gepflanzt haben, um vieles schneller gewachsen und auch bei weitem größer geworden. Trotz später Aussaat der Karotten gab es doppelte und jedesmal eine reichliche Ernte. Peperoni und Paprika, mit denen wir bisher wenig Glück hatten, gab es ebenfalls in ausreichender Menge. Auf dem 13 m langen und 1,20 m breiten Hochbeet nahmen etwa drei Gurkenpflanzen bald ein Drittel der gesamten Fläche ein. Mit dem Einsammeln und Verarbeiten der Gurken kamen wir kaum mehr nach. Auch Tomaten, Kohlrabi sowie Buschbohnen und Kraut gediehen prächtig.

Doch nicht nur die reiche Ernte macht das Hochbeet interessant, sondern auch die Tatsache, daß durch die, zwischen den Pflanzreihen ausgelegte, dunkle Plastikfolie das so zeitraubende und ungeliebte Unkrautjäten der Vergangenheit angehört. Wohl ist aufgrund des heißen Sommers im Vorjahr eine Menge Wasser durch die unter der Oberfläche anglegte Bewässerungsanlage geronnen, doch hat sich dies, wie aus vorgenannter Schilderung zu entnehmen, vollauf ausgezahlt.

Ludwig u. Beate Ortner, Lind 164, A-9220 Velden

Wir haben nach dem Muster von Frau Kalaus aus Köstenberg in unserem Garten drei Hochbeete angelegt, aus dem einfachen Grund, weil wir drei Familien sind und jeder seinen eigenen Garten haben sollte. Durch das Hochbeet kann jeder leicht sein Beet selbst bearbeiten und das einpflanzen, was er braucht. Wir sind alle sehr begeistert, weil das Bücken und Jäten sowie das tägliche Gartengießen entfällt. Dieses ist durch die feuchtigkeitshaltende, lichtundurchlässige, schwarze Folie, welche zwischen den Pflanzreihen ausgelegt wird, gegeben. Unsere Lage ist eine Hanglage von Süd nach Nord. Die Beete haben wir der Länge nach von Ost nach West gerichtet, und im Norden das Beet einen Stein höher, damit die Sonne gut einfallen kann. Weil unser Garten aus Walderde und unterhalb aus Schotter besteht, haben wir eine Bewässerung eingebaut. Wir haben auch eine Flaschenbewässerung ausprobiert, diese funktioniert auch sehr gut. Ich muß sagen, wir hatten im ersten Jahr einen sehr guten Erfolg. Diese Art, frisches Biogemüse selbst zu ernten, auch auf kleinstem Platz, ist sehr empfehlenswert.

Familie Thomas Schlieber,
A-9220 Lind 49, Velden

Die Kraft der Sonne »vervielfacht«. Unser Anwesen liegt am Fuße der Karawanken, direkt am Waldrand. Im Osten grenzt es an einen Jungwald, im Süden und Westen an einen Hügel mit Mischwald und im Norden an Felder und Grünland.

Aufgrund dieser Lage hatten wir folgendes Problem: Unser Gemüsegarten, welcher an der Südwestecke des Grundstückes liegt, hat wenig Sonne. Besonders im Frühjahr dauert es sehr lange, bis der Schnee schmilzt und man mit den Gartenarbeiten beginnen kann. Deshalb trugen wir uns mit dem Gedanken, ein Folienhaus zu bauen. In der Planungszeit lernten wir auch Frau und Herrn Kalaus kennen, die uns mit ihrer Hochbeet-Gartenanlage begeisterten. Beim Bau unseres Folienhauses versuchten wir diese neuen Erkenntnisse zu berücksichtigen. Wir vertieften die Anlage des Folienhauses derart, daß wir an der Außenmauer der Süd- und Westseite je ein Hochbeet anschließen konnten. Die Errichtung der Anlage sowie die Einbringung der Schichten von Reisig, Erde, Mist, Lehm, Humus und Krume ergab wohl eine Menge Arbeit und kostete sehr viel Schweiß. Die Ernte hat unsere Mühe dafür reichlich belohnt. Der Ertrag war wesentlich höher, die Früchte viel größer und schöner und die Bearbeitung der Beete nicht mehr so mühsam, da man sich nicht mehr so zu bücken brauchte. Außerdem haben wir festgestellt, daß durch die Hochbeete, bedingt durch ihre Konstruktion, die Erde sich viel früher erwärmt und das Wachstum dadurch wesentlich gefördert wird.

Bei der Bepflanzung mußten wir uns sehr umstellen, wobei wir von Frau Kalaus laufend sehr interessante Tips und Ratschläge erhielten. Durch die gemischte Reihenbepflanzung der Hochbeete ergab sich ein laufender Wuchs und Ertrag. Es gab keinen Leerlauf; wenn das eine abgeerntet war, wurde der freie Platz bereits von der nebenstehenden Pflanze ausgefüllt.

Auch die Kombination der Hochbeete mit dem Folienhaus hat sich als sehr günstig erwiesen. Wir ziehen im Folienhaus z. B. Wintersalat und Spinat, welchen wir bereits ab Ostern ernten können. Weiters werden im Folienhaus alle Pflanzen selbst gezogen und die ersten Pflanzen ausgesetzt, so daß uns schon sehr früh frisches Gemüse aus eigener Anlage zur Verfügung steht. Wir können jedem Gartenfreund die Anregungen von Frau Kalaus wärmstens empfehlen.

Hanni u. Alarich Warmuth,
Auf der Heide 1, A-9584 Finkenstein

Nach vieljähriger Bepflanzung von jetzt mittlerweile fünf Hochbeeten, die ganz nach dem Muster von Frau Kalaus errichtet wurden, sind meine Frau und ich mit der Ernte sehr zufrieden. Ursprünglich haben wir diese Beete nicht deshalb gebaut, weil ich als Oberschenkelversehrter bei der Gartenarbeit leichter und bequemer mitarbeiten kann, sondern weil die schlechte Bodenbeschaffenheit und die Hoffnung auf eine bessere Qualität unseres Gemüses waren die eigentlichen Gründe, uns mit Frau Kalaus in Verbindung zu setzen.

Bisher habe ich zur Gartenarbeit fast keine Beziehung gehabt, obwohl ich ein ausgesprochener Naturfreund bin, doch seit mich Frau Kalaus überzeugt hat, bin ich ein begeisterter Mitarbeiter im Garten. Bei den herkömmlichen Gärten wäre bei mir eine Freude zur Gartenarbeit sicher nicht entstanden. Jetzt empfinde ich meine Betätigung im Garten nicht mehr als Arbeit, sondern als Freizeitbereicherung.

Ich bin mir sicher, daß ein Oberschenkelversehrter bei entsprechender Einstellung durchaus in der Lage ist, die gesamte Gartenarbeit bei Hochbeeten selbständig zu verrichten. Für die ausgezeichnete Idee möchten wir Frau Kalaus gratulieren, und wir hoffen, daß sie noch viele Anhänger findet.

Familie Adolf Hofer,
Sonnenstraße 19, A-9544 Feld am See

Hochbeete, ein »Wunder«! Wir sind begeisterte Hobbygärtner und Gemüsebauern, die nur nach der biologischen Methode arbeiten, und wir glaubten, auch in arbeitstechnischer Hinsicht nicht an unterster Stufe zu stehen. Ein Besuch bei Frau Kalaus in Wurzen hat uns jedoch vor Neid erblassen lassen. In ihren Hochbeeten standen die Gemüsepflanzen so prächtig, daß man sie bereits ernten konnte, während die unseren noch ihr ganzes Leben vor sich hatten. Wir ließen uns auch von den Arbeitsweisen, der günstigen Bodenausnutzung und der Wasserersparnis überzeugen. Nun ging es los: Für meine Frau war jetzt Gemüsebau ohne Hochbeet nicht mehr denkbar, deshalb mußte zumindest ein Hochbeet her. Um den

Hausfrieden zu erhalten und dem täglichen Drängen auszuweichen, versprach ich, ihr ein solches zum Geburtstag zu schenken. Und da Manneswort noch gilt, habe ich meine Bequemlichkeit überwunden und mein Versprechen gehalten. (Frau Kalaus hatte einen Fachmann für einen Tag kostenlos zur Verfügung gestellt!)

Da unser Gebiet in über 900 m Seehöhe liegt, decken wir das Hochbeet in den ersten Monaten (Frostgefahr) mit Thermoclearglas ab. Verblüffend waren dann die ersten Ernteergebnisse: Wo sich im Freiland Salatpflanzen noch vor der Kälte fürchten, kann man aus dem Hochbeet schon ernten; die Erträge sind doppelt und dreifach wie im normalen Garten. Der Arbeitsaufwand ist gering, und wer dann noch mit lauwarmem Wasser gießt, hört beinahe die Pflanzen wachsen. So ist das Hochbeet wirklich ein »Wunder«! Und die logische Folge: meine Frau möchte, nicht weil es ein Geschenk war, nun mehrere – ja nur mehr Hochbeete!

Weil unser Garten fast so groß wie ein Acker ist, könnte es sein, daß in einigen Jahren nur mehr Hochbeete zu sehen sind.

Familie Karl, Oberwinklern 16,
A-9231 Köstenberg

Die Bestellung unseres Gartens in 660 m Seehöhe, am Waldrand, umgeben von ungenützten Wiesen, machte keinen Spaß mehr. Erhöhtes Aufkommen von Unkraut sowie große Mäuseplage, belasteten nicht nur übermäßig die lädierten Bandscheiben, sondern ließen den Ertrag als ungenügend erscheinen.

Nach Anregung durch die Erfolge der Familie Kalaus bauten wir zwei Hochbeete. Weil aber der erste und der letzte Schnee am Nordhang über dem Faaker See auf unserem Garten liegt, wurde es spät und wir konnten nur ein Beet füllen. In der kurzen Vegetationsperiode war der Ertrag allerdings äußerst befriedigend. Die Pflanzen wurden sehr groß und kräftig – ohne Kunstdünger –, wir haben länger geerntet als gesät – ohne mühsames Bücken! Wir werden in Zukunft nur noch auf Hochbeeten anbauen.

Dipl.Ing. Kleffer-Hommert,
Grünwaldweg 16,
A-9583 Faak am See

Lieferantenhinweise

Diese Liste kann – schon aus Platzgründen – nur eine Auswahl von Firmen und Instituten bringen. Mit der Aufnahme ist keinerlei besondere Empfehlung verbunden. Interessenten müssen sich, wie Verbraucher überhaupt, anhand von Angeboten, Prospekten und Katalogen kritisch unterrichten.

Baubedarf, Farben (giftfreie), Holzimprägnierungsmittel

Allenspach u. Co. AG, CH-4612 Wangen
Baustoff Birmenstorf AG, CH-5413 Birmensdorf/AG
Gustav Hunziker AG, CH-3232 Ins
Moco, J. A. Molfenter GmbH u. Co., KG, Blaubeurer Str. 96, D-7900 Ulm
Zentrum für biolog. Baustoffe Gert Küfner, Heimstr. 10, D-8035 Gauting
GBW Bundesverband Gesundes Bauen und Wohnen e. V., Postfach 1, D-3305 Evessen (Anschriftenverzeichnis)

Bodenuntersuchungen

Einfache Bodenuntersuchungen führen alle landwirtschaftlich-chemischen Untersuchungsanstalten und gartenbaulichen Lehr- und Versuchsanstalten durch. Nachstehend einige Spezialinstitute, die Spurenelemente und zum Teil auch biologische Aktivität in ihre Untersuchungen einbeziehen.

Dr. Fritz Balzer, Oberer Ellenberg 5, A-3551 Amönau/Marburg
Winfried Felderer, Speckbacherstr. 5, I-39012 Meran und:
 Singelstraat 19–21, NL-6600 PH Deventer
Labor Dr. Wenzel, Maygasse 8, A-8020 Graz
Eidg. Forschungsanstalt, CH-8820 Wädenswil
Forschungsanstalt für Agrikulturchemie, CH-3097 Liebefeld/BE

Bodenuntersuchungsgeräte

W. Neudorff GmbH KG, Postfach 1209, D-3254 Emmerthal (Calcitest, Primusgerät)

Folien für Bodenbedeckung, Frostschutz, Kleingewächshäuser, Vliese zur Bodenbedeckung

Ing. G. Beckmann KG, Simoniusstr. 10, D-7988 Wangen
Ewald Dörken AG, Postfach 163, D-5804 Herdecke
Dübi u. Co., CH-3360 Herzogenbuchsee
Gärtnerei-Technik AG, CH-4133 Pratteln
Siber Hegner Textil AG, Eichenweg 3, CH-4410 Liestal

Gartenbedarf allgemein

Gesteinsmehle, Dünge- und Kompostierungsmittel, Literatur, Pflanzen und Samen

Ernst-Otto Cohrs, Postfach 1165, D-2720 Rotenburg
Bio- und Gartenmarkt Keller, Konradstr. 17, D-7800 Freiburg/Brsg.

Gesteinsmehle

Valentin Busch KG, Postfach 28, D-8454 Schnaittenbach
Biofa, Ulmer Str. 99, D-7430 Metzingen
Hans Federmann, Gewerbegebiet, D-7129 Brackenheim-Dürrenzimmern
Hauri KG, Sonnhalde 6, D-7805 Bötzingen
Lava-Union, Kölner Str. 22, D-5485 Sinzig
Zimmerli, Mineralwerk AG, Hohlstr. 500, CH-8048 Zürich

Komposterden, Kompostierungsmittel

Gütegemeinschaft »Rinde für Pflanzenbau«, Postfach 1160, D-7520 Bruchsal
F. Schacht GmbH u. Co. KG, Postfach 4823, D-3300 Braunschweig
Gebr. Schaette KG, Stahlstr. 5, D-7967 Bad Waldsee

Organische Düngemittel

Corna-Werk Wölper GmbH u. Co., Postfach 4267, D-7900 Ulm
Mahle Dünger GmbH, Postfach 2724, D-7100 Heilbronn
Manna-Düngerwerk, D-7403 Ammerbuch 2, Pfäffingen
Gebr. Overlack GmbH, Aachener Str. 258, D-4050 Mönchengladbach (Rizinusschrot)

Pflanzen, Samen

Austrosaat AG, Postfach 40, D-1232 Wien
Bornträger u. Schlemmer, D-6521 Offstein (Kräuter)
Karl u. Walter Hild, Samenzüchter, Postfach 99, D-7142 Marbach
Samen-Mauser, CH-8600 Dübendorf/ZH
Carl Sperling u. Co., Pflanzenzüchter, Postfach 2640, D-3140 Lüneburg
Helmut Steiner, Römerstr. 817, D-4131 Moers 1 (Grünspargel)

Regenwürmer (Kompost- oder Mistwürmer)

Oscar Angst, Gryphiusweg 15, D-6800 Mannheim 31
Rudolf Kockskämper, Ruthstr. 24, D-4300 Essen

Wühlmaus-Spezialfallen

Friedrich Wolf, Flugfeldstraße 14, D-8900 Augsburg 21

Literaturhinweise

Boas: Dynamische Botanik. München 1979
Francé: Das Leben im Boden. Neuauflage München 1981
Franck: Gesunder Garten durch Mischkultur. 6. A. München 1983
Franz: Bodenleben und Bodenfruchtbarkeit. Wien 1949
Graff: Unsere Regenwürmer. Hannover 1983
v. Heynitz-Merckens: Das biologische Gartenbuch. Stuttgart 1980
Howard: Mein landwirtschaftliches Testament. 2. A. München 1979
Könemann: Biologische Düngung im Gemüsebau. 2. A. Mannheim 1969
Könemann: Neuzeitliche Kompostbereitung. 4. A. Mannheim 1968
Kopetz-Pelzmann: Gemüsebau-Praxis im Freiland und unter Folien. Wien 1981
Kutschera: Wurzelatlas mitteleuropäischer Ackerunkräuter und Kulturpflanzen. Frankfurt am Main 1960
Mücke: Der Intensivgarten. 2. A. München 1981
Mücke-Rieger: Der Garten drinnen und draußen. 8. A. München 1983
Niller: Unser Gemüsegarten. 2. A. München 1978
Probst: Praktische Gründüngung. München 1980
Schmid-Henggeler: Biologischer Pflanzenschutz im Garten. Aarau 1982
Schuphan: Zur Qualität der Nahrungspflanzen. München 1961
Seifert: Ackern, Gärtnern ohne Gift. München 1971
Siebeneicher (Hrsg.): Neues großes Gartenlexikon. 2. A. München 1980
Snoek: Gesunde Pflanzen im Zier- und Nutzgarten. München 1980
Snoek: Biologisch richtig düngen. München 1984
Snoek-Wülfrath: Das Buch vom Steinmehl. Stuttgart 1983
Steinbach: Der Gemüsegarten. München 1980
Weissenfeld: Holzschutz ohne Gift? Grebenstein 1983
Wendt-Hildebrandt: Biologischer Gartenbau unter Glas und Folie. 2. A. München 1983

Sachregister

Die kursiv gedruckten Zahlen verweisen auf den Schwerpunkt der Darstellungen, die halbfett gedruckten auf Abbildungen.

Abdeckung 25, **26**
Algenkalk 71
Anbauplan 106

Baumaterial 23
Baustoffe 72, 76, **81**
Behinderte **64, 76**, 111
Beregnung 25
Betonstützen 72
Betonwände **88**
Bewässerung **21, 25, 26, 33**, *81f.*, 110
Bimskies 81
Blattgemüse 86
Blattläuse 95
Blumen 38
Boden 23
Bodenbedeckung **16, 21, 26**, 45, *83*, 88 f., 100
Bodenfruchtbarkeit 63
Bodengare 84
Bodenuntersuchung 71, 98
Bor 98
Brennesseljauche 36
Bretter **16, 26, 26**, 45, **81**, 83

Cadmium 49, 71

Dachgärten 63
Dachplatten **28**
Draht (Maschen-) 13
Drahtklammern, -haken 11, 84
Drahtwurm 70
Drainagerohre 24, **81**
Drainageziegel 81
Druckimprägnierung 23

Eisen 98
Eisenia foetida 15, **69**, 93
Eisenstangen, -rohre 16, 72
Erdarbeiten 74
Erdflöhe 94

Ergänzungsdünger 71
Erträge 107, 112

Fallen (Wühlmaus-) 12
Faustprobe 15
Flüssigdünger 36
Folgekulturen 86
Folien 10 f., 12, 14 f., **21, 24, 26**, **28, 33**, 45, **69**, 75, *83*, 85 f., 88 f., 100, 105, 109
Folienhaus 25, 26 ff., 33, **34, 64**, 110
Folientunnel **24**, 72, 85
Fruchtfolge 94
Fruchtgemüse 59, **60**, 86
Frühbeet **26, 27**
Frühkulturen 86
Frühherbstkulturen 86
Frühlingsblüher **45**

Gartenland 38
Gärungswärme 7
Gemüsearten (Tabelle) 99
Gemüsegarten 52
Gewürzkräuter 86 f.
Grabegabel 15, 83
Grasschnitt 35
Grunddünger 24, 71
Gründüngung 97
Grünmaterial 83 f.

Häcksler 87
Haken 46, **88**
Hanglage **52**, 109
Hauklotz 15, **28**
Hausgarten 62
Hecken 64
Heu 21, **28**
Hohlblocksteine **21**, 23, 70, *75*, **76, 83**
Holzabfälle 12 f., **24**, 39, 76, **76**, **81**

Holzarten 73
Holzbauweise **40, 81**
Holzschutzmittel 23, 73
Hühner 35 f., **40**
Hülsenfrüchte 58
Humusboden 39, 69
Humusgehalt 98
Humusschutz 39
Hyperphosphat 71

Imprägnierungsmittel 73
Innenhöfe 63

Jäten 10
Jungpflanzen **27**, 33, **33**, *36*, 60, 61, 106 f.

Kalidünger 76
Kalimagnesia 71
Kalium 71, 97 f.
Kalk 15, *71*
Kalzium 71
Kesseldruckimprägnierung 74
Kleinklima 64, 70
Kohlfliege 52
Kohlgemüse 51, **57**, 86 f.
Kohlstrünke 15
Kohlweißling 94
Kompost 13, *14 ff.*, **24, 28, 69**, 76, **81**, *87 ff.*, 93
Kompostplatz 37, **37, 40**, 88
Komposstarter 87
Kompoststätte 15, *21*, **28**, *63 ff.*, 88
Kompostwurm s. Mistwurm
Kosten (Materialien) 74
Kräuter 38, **100**
Kunststoffe 39
Kupfer 98

Landsberger Gemenge 97
Laub 23, 70
Leca-Kügelchen 81
Lehmboden 69
Lochfolien 86

Magnesium 98
Mangan 98
Maschendraht 13 f., **81**

Maulwurf 12, 82
Mäusedraht **81**
Mineralboden 39
Mischkulturen 21, 35, 87, *94 ff.*, **96**, **100**, 106, 110
Mist 13, 15, 21, **24**, **28**, 69, 76
Mistbeet 26
Mistwurm 15, 22, **69**, 93
Möhrenfliege 94 f.
Mulchfolien 83
Mutterboden **24**, 76, **81**

Nachdüngung 97
Nährstoffgehalte (Boden, Dünger) 98
Naturvlies 46
Neigung (Nord-Süd-) 62, **70**, **100**, 109
Nematoden 94
Noppenfolie 33, **64**

Öltonnen 15, **37**

Pappe 45, 83
Patentkali 71
Pendelhacke 10
Pestizide 69
Pflanzenschutz 100
Pflanzkübel 36, **37**, **45**
Pflücksalat **93**
Phosphatdünger 76
Phosphor 71, 97 f.
pH-Wert 10, 47, 98
Pikieren **33**, 36
Plastikschläuche 25
Plexiglas 26, **26**
Polyethylen 83
Puntelli 72

Rasensoden 70
Regenwasser 47
Regenwurm 15, 22, **28**, 40, 69
Regner 15
Reisigschicht 76, **76**
Rinde 21, **28**
Ringelnatter 15
Rohholzstangen 75
Rost (Sellerie) 94
Rotte 40
Ruheplatz 37, **37**
Rundhölzer 23, 72, 74 f.

Salate 48, 105
Samenbedarf 106 f.
Silo-Abdeckfolien 10, 21, 84
Sommerkulturen 86
Sondergemüse 60
Spitzkohl 52
Sprühschlangen 81

Schädlinge 35, 94, 100
Schadstoffe 22
Schafmist 76
Schnecken 100
Schotter 81
Schwachzehrer 22 f.
Schwefeldioxid 47
Schwermetalle 48

Stallmist siehe Mist
Stangenhölzer 25, 72
Starkzehrer 13, 22 f., **93**
Steinmehl 72, 76
Stickoxide 47
Stickstoff 97 f.
Stielgemüse 86

Streudecken 84
Stroh 21, **28**, **105**

Terrassierung 64, **70**, 110
Thomasmehl 71
Tonrohre **21**
Topinambur 64
Torf 33
Treibbeete 7
Treibhaus **34**
Tropfbewässerung 25, 81 f.

Umgraben 83
Unkraut 10 f., 14, 83 f., 109
Unterboden **24**
Untergrundbewässerung 24, **24**, *25*, 34, *81*
Urgesteinsmehl 15

Versehrte s. Behinderte
Voliere 35, **40**

Wasser 10, 33, 109, 111 f.
Wege **21**, 62, 70, **76**
Weiße Fliege 95
Wildstauden **45**
Windschutz 63
Winterraps 97
Winterroggen 97
Wirbler 33
Wühlmausdraht **24**, **81**, 82
Wühlmäuse 11, 14, 82, 95
Wurzelgemüse 49, 86
Wurzeln (Wachstum) 12, **33**

Zeitungspapier 23
Zink 98
Zwiebelfliege 94
Zwiebelgemüse 58, 86 f.

Pflanzenregister

Die halbfett gedruckten Zahlen verweisen auf Abbildungen.

Alant 38
Allium orsinum 38
Apfelrose 64

Baldrian 38
Bärlauch 38
Bartnelken 16
Beinwell 38
Berberitze 64
Blumenkohl 13, 51, **57**
Brokkoli **13**, 51 f., **57**
Bryonia alba 39
Buschbohnen 14, 58

Calendula officinalis 16
Claytonia perfoliata 49
Coreopsis grandiflora 16

Delphinium consolida 16
Dianthus barbatus 16
Digitalis purpurea 16
Dill 100

Eibe 64
Endivien 14, 49
Erbsen 13 f., 21, **21**, 58, 93
Erdbeeren **13**, 14, **21**, **40**, 61
Euphorbia 12

Feldahorn 64
Felderbse 97
Feldsalat 49
Fichte 64
Fingerhut **16**, **45**
Frauenmantel 38

Gelbsenf 97
Goldrute 38
Grünkohl 14, **45**, **57**, *57*
Grünspargel 60
Gurken **93**, 109

Hafer 97
Hainbuche 64
Hauhechel 39

Johanniskraut 39

Kaiserkrone 12
Kalebassen 16
Kamille 38
Kapuzinerkresse 21, **45**
Karotten 13 f., **21**, 49, **52**, **93**, 109
Kartoffel 51, **52**
Kohl (Weiß-, Rot-) 33, 51
Kohlrabi 13, **13**, **21**, 36, **57**, 58
Kohlrübe 50
Königskerze 38
Kopfsalat 48, **57**, **93**
Kubaspinat 49
Kürbis 35

Lauch (Porree) 13, **13**, **57**, 58, **93**
Lavendel 38
Lebensbaum 64
Liebstöckel 39
Liguster 64
Lupinen **16**, 38, 97
Lupinus-Polyphyllus-H **16**
Luzerne 97

Mädchenauge 16
Mohrrüben 49, **52**, **93**, 100, 105

Ölrettich 97
Ononis spinosa 39

Paprika 36, 109
Pastinaken 50
Petersilie 105
Pfefferminze 39
Phacelia 97
Potentilla tormentilla 39
Porree (Lauch) 13, **13**, 36, 58
Primel 38

Radieschen 13, **13**, **21**, 50 f.
Rettich 52
Ringelblume **16**, 38
Rittersporn **16**
Rosenkohl **57**, *57*

Rotkohl 51
Rote Rübe 50
Rudbeckie 38, **45**

Salat 13, **13**, 109
Salbei 39
Seidelbast 38
Sellerie 13, **13**, 36, *50*, **57**
Solidago virgaurea 38
Sommerwicke 97
Spinat 13, **13**, 97
Spiraea ulmaria 39

Schafgarbe 39
Schnittlauch 59
Schnittsalat 14, **21**, 48
Schöllkraut 38
Schwarzwurzel 51

Stangenbohnen 16 f., 37, **40**, 58, 64
Steckzwiebeln 13
Steinklee 97
Stiefmütterchen 39

Taubnessel 39
Thymian 39
Tomaten 21, **21**, 33, **33**, *59*, **93**, 105
Tormentill 39

Wegwarte 38
Weinrute 39
Weißkohl 51, **57**
Wermut 39
Wiesengeisbart 39
Winterheckenzwiebel 59
Winterpostelein 49
Wirsingkohl 51
Wolfsmilch 12
Wurzelpetersilie 50

Zaunrübe 39
Zichoriensalat 49
Zierkürbis 16 f.
Zitronenmelisse 39
Zottelwicke 97
Zuckermais 64
Zwiebeln **13**, **21**, **57**, 59, 100

Bücher zum Thema

Gertrud Franck
Blühender Wildgarten – Ertragreicher Nutzgarten
120 Seiten mit 32 Seiten Farbfotos.

Gertrud Franck
Gesunder Garten durch Mischkultur
144 Seiten mit 46 z. T. farbigen Abbildungen
und einem Gartenplan.

Karl-Heinz Mücke
Der Intensivgarten
Höchsterträge von kleinster Fläche im ganzen Jahr.
Erweiterte Neuausgabe. 144 Seiten
mit 126 z. T. farbigen Abbildungen.

Karl-Heinz Mücke/Kurt Rieger
Der Garten drinnen und draußen
512 Seiten mit 255 z. T. farbigen Abbildungen.

Walter Nowak-Nordheim
Freude am Bauerngarten
143 Seiten mit 113 z. T. farbigen Abbildungen.

Maria Sansoni/Christoph Köchel
Das kleine 1 x 1 des Gärtners
108 Seiten mit 97 z. T. farbigen Abbildungen.

Georg E. Siebeneicher
Mein Garten in der Stadt
Balkone und Dachgärten, Haus- und Kleingärten.
144 Seiten mit 54 z. T. farbigen Fotos
und 62 Zeichnungen.

Südwest Verlag München

Bücher zum Thema

Georg E. Siebeneicher (Hrsg.)
Neues großes Gartenlexikon
672 Seiten mit 206 Farb- und 1236 Schwarzweißabbildungen.

Georg E. Siebeneicher (Hrsg.)
Ratgeber für den biologischen Landbau
Ein Nachschlagewerk für Ackerbauern, Grünlandwirte, Feldgemüsebauern und Tierhalter.
576 Seiten mit zahlreichen farbigen Abbildungen.

Helmut Snoek
Biologisch richtig düngen
136 Seiten mit 49 z. T. farbigen Fotos und 68 Zeichnungen.

Helmut Snoek
Gesunde Pflanzen in Zier- und Nutzgarten
Schäden vorbeugen, erkennen, naturgemäß behandeln.
108 Seiten mit 128 z. T. farbigen Abbildungen.

Helmut Snoek
Nützlinge in Garten und Gewächshaus
144 Seiten mit 95 z. T. farbigen Abbildungen und 40 Zeichnungen.

Horst Wendt
Biologischer Gartenbau unter Glas und Folie
Säen, Pflanzen, Ernten durchs ganze Jahr.
108 Seiten mit 16 farbigen Abbildungen und 47 Zeichnungen.

Fritz Windscheif/Hartmut Hildebrandt
Werken im Garten
176 Seiten mit 40 farbigen Abbildungen und 250 Werkzeichnungen.

Südwest Verlag München